Münstersche Gespräche
zu Themen
der wissenschaftlichen Pädagogik

Münstersche Gespräche
zu Themen
der wissenschaftlichen
Pädagogik

Herausgegeben von
Joachim Dikow, Marian Heitger
Rainer Ilgner, Clemens Menze
Aloysius Regenbrecht

Heft 2

Vom Ethos des Lehrers

Im Auftrage
des Münsterschen Gesprächskreises
für wissenschaftliche Pädagogik
herausgegeben von

Joachim Dikow

Aschendorff Münster

© Aschendorff, Münster Westfalen, 1985 · Printed in Germany

Alle Rechte vorbehalten, insbesondere die des Nachdrucks, der fotomechanischen oder tontechnischen Wiedergabe und der Übersetzung. Ohne schriftliche Zustimmung des Verlages ist es auch nicht gestattet, aus diesem urheberrechtlich geschützten Werk einzelne Textabschnitte, Zeichnungen oder Bilder mittels aller Verfahren wie Speicherung und Übertragung auf Papier, Transparente, Filme, Bänder, Platten und andere Medien zu verbreiten und zu vervielfältigen. Ausgenommen sind die in den §§ 53 und 54 URG genannten Sonderfälle.

Gesamtherstellung: Aschendorff, Münster Westfalen, 1985

ISBN 3–402–04711–X

Inhalt

Joachim Dikow
Vorwort zur Dokumentation des 2. Münsterschen Gesprächs:
Vom Ethos des Lehrers 1

Waldemar Molinski
Gibt es Ansprüche der Theologie an das pädagogische Handeln? . 5

Marian Heitger
Glaube, Hoffnung und Liebe als pädagogische Kategorien . . . 20

Wolfgang Ritzel
Die anthropologische Voraussetzung von Wissenschaft und ihre
Maßgeblichkeit für die Wissenschaften vom Menschen,
insbesondere für die Pädagogik 37

Dieter-Jürgen Löwisch
Die Verantwortung des Lehrers als Erzieher für das
Verbindlichwerden der Verfassung 51

Anhang: Bericht über die Arbeitsgruppen

Gerhard Fuest
Lehrerbildung als Beitrag zur Heranbildung eines Lehrerethos –
Elemente der Diskussion in der Arbeitsgruppe 64

Josef Saxler, Gerd-Heinrich Neumann
Gibt es ein Ethos des Lehrers der naturwissenschaftlichen Fächer? –
Einleitende Referate 66

Joachim Dikow
Gibt es ein Ethos des Lehrers der literaturwissenschaftlichen
Fächer? – Elemente der Diskussion in der Arbeitsgruppe . . . 75

Helmut Konrad, Dieter Fuchs
Gibt es ein Ethos des Lehrers der sozialwissenschaftlichen Fächer? –
Resümee des einleitenden Referates, Thesen zur Friedenserziehung
und Elemente der Diskussion in der Arbeitsgruppe 79

Joachim Dikow

Vorwort zur Dokumentation des 2. Münsterschen Gesprächs: Vom Ethos des Lehrers

Der Münstersche Gesprächskreis für Wissenschaftliche Pädagogik hat es sich zur Aufgabe gemacht, auf der Grundlage gemeinsamer Glaubensüberzeugungen „besonders drängende pädagogische Fragen der Gegenwart aufzunehmen und zu ihrer Klärung beizutragen. Grundsätzlich sollen alle jene erziehungswissenschaftlichen Probleme aufgenommen werden, die in der heutigen Gesellschaft besondere Herausforderung bedeuten und im Hinblick auf die Entfaltung oder Gefährdung menschlicher Personalität zu überprüfen sind. Ein weiterer leitender Gesichtspunkt bei der Auswahl und Diskussion der Probleme liegt in ihrer Bedeutung für das pädagogische Handeln. In einer Erziehungswissenschaft, die sich als Theorie einer Praxis versteht, ist die Frage nach dem richtigen pädagogischen Handeln stets latent vorhanden" (REGENBRECHT 1984, 1f.).

Das 1. Münstersche Gespräch, das vom Umgang mit der Schulkritik handelte, hatte die Frage aufgeworfen, wie Schule zu einer pädagogischen Veranstaltung werden kann. Dieses allgemeine Problem, wie die darin enthaltenen Unterprobleme einer religiösen Bildung, einer sozialen Bildung, einer Vermittlung von Kreativität und Sensibilität – und ebenso das all dies wieder umfassende Problem der Menschenbildung überhaupt und der für sie in der Schule geltenden Bedingungen – haben nicht vornehmlich auf Sachen und Verfahren, sondern auf den Lehrer geführt.

Das kann eine falsche Fragerichtung sein, wenn man auf diese Weise der Frage nach der Institution Schule und den in ihren Strukturen gegebenen Bedingungen für eine Bildung des Menschen ausweichen und strukturelle Schwächen unseres Schulwesens dem Lehrer anlasten will.

Dennoch hat das 2. Münstersche Gespräch, dessen Ergebnisse im vorliegenden Heft veröffentlicht werden, die Frage nach dem Lehrer als die Frage nach dem Ethos des Erziehers thematisiert. Denn die Rückfrage nach dem Lehrer ist dann richtig, wenn man sie angesichts der Tatsache stellt, daß religiöse Bildung, soziale Bildung, Kreativität, Sensibilität u. ä. nicht eigentlich direkt angegangen und ‚veranstaltet' werden können, sondern das Ergebnis des Schüler-Lehrer-Verhältnisses und überhaupt der Beziehungen des Schülers zu den Menschen in seiner Lebensumwelt sind. Sie können ihm Vorbild, Leitbild, Lebensmodell, Gegenbild usw. werden. Für den gläubigen Lehrer kommt hinzu, daß er weiß, daß er durch Gebet und sakramentaler Gemeinschaft in Christus seinen Schülern verbunden sein kann und soll.

Es geht mithin um Fragen der folgenden Art: Was trägt den Erzieher? Wem weiß sich der Erzieher mit seinem Handeln verpflichtet? Welchen (anderen als nur technischen) Maßstäben unterwirft sich der Erzieher beim Urteil über sein Handeln?

Man muß davon ausgehen, daß solche Fragen von sehr unterschiedlichen Positionen her beantwortet werden. Da gibt es zunächst diejenigen, die derartige Fragen entweder für grundsätzlich unbeantwortbar, deshalb für unsinnig und unerlaubt halten; oder sie lassen nur die Wenn-dann-Struktur erziehungswissenschaftlicher Erörterungen des Zusammenhangs von pädagogischen Zielen und Mitteln gelten und nehmen in Kauf, daß das ‚Wenn-Element' dezisionistisch oder nach sehr fragwürdigen Entscheidungsregeln in einem offenen Diskurs festgelegt wird. Es gibt allerdings auch eine Gruppe von Erziehungswissenschaftlern und praktischen Pädagogen, die aus entschiedenen weltanschaulichen Positionen heraus die Fragen nach dem Ethos des Lehrers beantworten. Zwar legen sie teilweise diese Positionen nicht offen, auch behaupten einige die ‚Wissenschaftlichkeit' ihrer Positionen von einem Wissenschaftsbegriff aus, der seinerseits noch näherer Prüfung bedürfte; es ist aber unverkennbar, daß sie über das Ethos des Lehrers handeln und dies nicht selten mit in hohem Grade verpflichtenden Absichten.

Demgegenüber sind im 2. Münsterschen Gespräch folgende Aspekte zum Ethos des Lehrers angesprochen und entfaltet worden:

Waldemar MOLINSKI sieht in der von ihm behandelten Frage, ob es Ansprüche der Theologie an die Pädagogik gebe, das Problem der Existenz einer theologischen Fundamentalpädagogik aufscheinen. Dabei wird aber eine als empirische Erziehungswissenschaft verstandene Pädagogik wie eine Pädagogik, die sich auf den im Diskurs gefundenen Ziel-Konsens der Pädagogen gründet, theologische Kompetenz für die Pädagogik in Frage stellen. Dennoch ist für die Pädagogik die Frage nach dem Sinn menschlichen Lebens unvermeidbar. Dabei ist es der Theologie allerdings unmöglich, eine verbindliche Theorie über die empirische Natur des Menschen, der Gesellschaft oder des Erziehungsprozesses vorzulegen. Wohl aber beansprucht die Theologie Kompetenz, wenn es um das beurteilende Verstehen der empirischen Wirklichkeit geht; denn um die Welt wirklich zu verstehen, muß man sie in ihrem Bezug zu Gott deuten. Die Theologie erhebt den Anspruch, mit dem Glauben unvereinbare Theorien und Ideologien zu kritisieren sowie nicht ausdrücklich theologische Entwürfe im Lichte des Glaubens zu interpretieren, zu korrigieren und zu vertiefen. Auf pädagogisches Handeln gewendet, bedeutet dies: daß es keinen Anspruch auf eine allgemein verbindliche christliche Theorie der Erziehung gibt, daß wohl aber die prinzipielle Ausrichtung christlicher Erziehung an der Glaubens- und Sittenlehre gefordert wird, daß glaubens- und sittenfeindliche pädagogische Vorstellungen christlicher Kritik unterworfen werden und daß es Aufgabe christlicher Pädagogen ist, plurale Modelle, die glaubens- und sittenkonform und gleichzeitig zeitgemäß sind, zu entwerfen und zu erproben.

Marian HEITGER geht es darum, Glaube, Hoffnung und Liebe in ihrer Notwendigkeit für pädagogisches Handeln nachzuweisen. Ausgangspunkt ist ihm eine Pädagogik, die den Menschen als Person ernst nimmt, die in ihm ein unverfügbares Subjekt des Erkennens und Handelns achtet; gleichzeitig aber gehört es zu Ethos und Engagement des Erziehers, daß er etwas erreichen will. Dieses spannungsreiche Verhältnis verlangt nach einer dialogischen Begegnung von Erzieher und Edukandem, Lehrer und Schüler. Möglich wird der Dialog im Glauben daran, daß auch der

Edukand, der Schüler am Logos teil hat, an einer Wahrheit, auf die sich beide Dialogpartner beziehen können. Pflicht des Erziehers ist es – auch gegen alle immer wieder mögliche Enttäuschung –, Hoffnung zu setzen auf diesen vom Schüler selbst zu vollbringenden Akt der Erkenntnis und des Verbindlichwerdens des Erkannten. Liebe ist als pädagogische Tugend die Haltung, in der ich den anderen anerkenne und in der ich mit jedem anderen in der Wahrheitsbindung verbunden bin. So verstandene Glaube, Hoffnung und Liebe könnten allerdings als unerfüllbarer Anspruch gelten, wenn ihr philosophisch postulierter Anspruch nicht für den Christen in der neuen Dimension der ‚übernatürlichen Tugenden' Vermögen und Kraft fände. Übernatürlicher Glaube hebt alles Stückwerkhafte des Wissens in der einen Wahrheit auf. Übernatürliche Hoffnung überdauert alle augenfälligen Mißerfolge unseres Handelns in der Gewißheit des göttlichen Heilswillens. Die aus dem Glauben kommende Liebe weiß um die Sehnsucht aller Menschen, in ihr sind alle Menschen Brüder. Das Gebot, den anderen zu lieben wie sich selbst, und die Möglichkeit, auch mein schuldig gewordenes Ich zu lieben, weil Gott vergibt, begründen und ermöglichen den Dialog im Erzieher mit seinem Gewissen und den Dialog des Erziehers mit seinem Schüler. Diese Dialoge im Erzieher und des Erziehers sind konstitutiv für sein Ethos.

Wolfgang RITZEL geht in seinen Untersuchungen der anthropologischen Voraussetzung von Wissenschaft und ihrer Maßgeblichkeit für die Wissenschaften vom Menschen, insbesondere für die Pädagogik, von dem Umstand aus, daß in jeder Auseinandersetzung jeder *etwas*, aber zugleich *sich selbst* zur Geltung bringt. Der Mensch bringt im nichtwissenschaftlichen Handeln und Reden wie in der Wissenschaft etwas hervor, was ihm zuzurechnen ist. Erkennen wir dies specimen humanum als anthropologische Voraussetzung von Wissenschaft, so dürfen wir es nicht ignorieren, wenn der Mensch Gegenstand unserer Praxis und der Wissenschaft von unserer Praxis ist. Dann – gehe es nun um das Heilen von Kranken, um Rechtsprechung, um Verkündigung und Seelsorge oder um Erziehung – muß von demjenigen das Handeln mitvollzogen werden, um dessentwillen es vollzogen wird. Insofern ist die Frage nach dem Ethos des Lehrers auch die Frage nach dem Ethos des Zöglings und es hätte eine Lehre, die Kinder als Objekte bestimmt, nicht als Pädagogik zu gelten. Und doch unterscheidet sich Pädagogik von anderen Handlungswissenschaften, weil der mithandelnde Zögling nicht die auf Mündigwerden gerichtete Absicht des Erziehers, sondern die unverbrüchliche Objektivität der Sachen im Auge haben soll, um so die Idee der eigenen Verpflichtung und Verantwortlichkeit als erstes Merkmal der Mündigkeit zu erlangen. Mündigwerden und wissenschaftliche Auseinandersetzung mit Sachen ohne Kenntnis einer didaktischen Absicht dieser Auseinandersetzung sind dialektisch aufeinander bezogen. Das Ethos des Lehrers verlangt es, Hindernisse für eine solche Auseinandersetzung beim Schüler aus dem Weg zu schaffen. Aber zum Lehrerethos gehört auch das Bewußtsein, daß der Schüler das, was er soll: mündig werden, erst erreicht, wenn er in Freiheit gesetzt ist. Schließlich führt RITZEL aus, inwieweit auch Psychologie und Soziologie Wissenschaften vom Menschen sind, die auf das Apriori der Personalität (hier der Reflexion über das Erleben und der Entscheidung über das Sich-Gesellen) nicht verzichten können.

Dieter-Jürgen LÖWISCH handelt von der Verantwortung des Lehrers als Erzieher für das Verbindlichwerden der Verfassung. Dabei geht er von dem Gedanken aus, daß politische Bildung und moralische Bildung nicht zu trennen sind. Die Verfassung kann zum Bezugspunkt schulischer Erziehung allein unter dem Gedanken der Vermittlung ihrer sie selbst legitimierenden Menschenrechte genommen werden. Das Verbindlichwerden der Verfassung ergibt sich dem Verfasser als das Verbindlichwerdenlassen von Grundwerten zur Ermöglichung einer sittlichen Grundrechtskultur, das heißt eines moralischen, sprich verantwortlichen Gebrauchs von Freiheit im Denken und Handeln. Das Kind ist zukünftiger Verantwortungsträger – das Ethos des Lehrers ist von dieser sich bildenden Verantwortlichkeit bestimmt; das gilt auch mit Blick auf die Überantwortung der Kultur – und der Verfassung als eines Kulturguts – den nachwachsenden Verantwortungsträgern für diese Kultur. Die Verantwortung des Lehrers als Erzieher ist die vor der künftigen Handlungsmacht des Schülers. Der Lehrer kann dieser Verantwortung gerecht werden, wenn er sich um die Wertorientierung der Schüler bemüht. Sie sollen eines Tages verantwortbare Entscheidungen unter dann gegebenen Umständen treffen können.

In Schulen wird nicht Unterricht an sich, sondern der Unterricht bestimmter Fächer gegeben; Lehrer sind Fachlehrer. Das wirft die Frage auf, ob in dieser Hinsicht sinnvollerweise vom Ethos des Lehrers gesprochen werden kann. Die Frage sollte beim 2. Münsterschen Gespräch in Gruppen fachspezifisch angegangen werden (einschließlich der übergeordneten Frage, was Lehrerbildung für einen Beitrag zur Heranbildung eines Lehrerethos leisten kann). Damit waren auch Ort und Gelegenheit gegeben, die Probe darauf zu machen, wie weit die in den Grundsatzreferaten vorgetragenen Positionen trugen. Indem wir zusammenfassend aus der Diskussion der fachspezifisch gebildeten Arbeitsgruppen berichten oder die jeweils zum Einstieg in die Arbeitsgruppen gehaltenen Referate im Wortlaut mitteilen, dokumentieren wir im Anhang das ‚Gespräch' unseres Kreises, das im Plenum der diesmal sehr zahlreichen Teilnehmer nur wenigen Partnern die Chance zu einem Beitrag geboten hätte.

Literatur

REGENBRECHT, Aloysius, Münsterscher Gesprächskreis für wissenschaftliche Pädagogik. In: Münstersche Gespräche zu Themen der wissenschaftlichen Pädagogik, Heft 1, 1984, Seite 1–3.

Waldemar Molinski

Gibt es Ansprüche der Theologie an das pädagogische Handeln?

1. Das theologische Problem einer Fundamentalpädagogik

Bei der im Titel gestellten Frage geht es darum: Stellt die Kirche, deren Glauben die Theologie zu interpretieren und deren Ansprüche, deren Interessen sie zu vermitteln sucht, an alle Erzieher Forderungen hinsichtlich der pädagogischen Ziele, der didaktischen Inhalte und der Erziehungsmethoden, die diese Erzieher aus Glaubensgründen oder anderen Gründen erfüllen sollen? Da eine Frage gestellt wird, bleibt zunächst offen, ob es solche im Glauben bzw. in der Theologie begründete und von der Kirche vertretene Forderungen an die Pädagogik gibt. Wenn diese Frage positiv zu beantworten ist, stellt sich darüber hinaus die Frage, inwieweit solche Forderungen insbesondere auch nichtchristlichen Erziehern einsichtig gemacht werden können. Insgesamt geht es um die Frage, ob es eine theologische Fundamentalpädagogik gibt.

Auch in anderen Bereichen ist die Frage nach der Verbindlichkeit kirchlicher Aussagen gestellt worden. So hat Franz BÖCKLE 1977 eine theologische Fundamentalmoral geschrieben, die viel Anklang, aber auch Widerstand gefunden hat (BÖCKLE 1978).

Von Münster aus wird gegenwärtig ein heftiger Disput über die angemessene fundamentaltheologische Grundlage einer allgemein konsensfähigen kirchlichen Soziallehre geführt, bei dem es vor allem darum geht, mit welcher transzendentalphilosophischen bzw. natürlich-theologischen oder offenbarungstheologischen Glaubensbegründung sich Kirche und Christen sozial in der Welt engagieren können und sollen.[1] Von Münster aus wird eine Integration der kirchlichen Soziallehre, die im Rahmen eines durch das kirchliche Lehramt vermittelten theologischen Sinnhorizontes inhaltlich philosophisch argumentiert, in die Theologie der Befreiung verlangt und im Zusammenhang damit insbesondere eine Korrektur des Umgangs der kirchlichen Soziallehre mit Philosophie und Sozialwissenschaften. Seitens der kirchlichen Soziallehre aber wird gefordert, die

---

[1] W. Kroh, Kirche im gesellschaftlichen Widerspruch. Zur Verständigung zwischen katholischer Soziallehre und politischer Theologie. Mit einem Vorwort von J. B. Metz, München 1982; dazu: O. v. Nell-Breuning, Soziallehre der Kirche im Ideologieverdacht, in: Theologie und Philosophie 58 (1983) 88–99; F. Fenger, in: Theologische Revue 79 (1983) 418–419; J. Giers, in: Münchener Theologische Zeitschrift 34 (1983) 330–331, s. a. J. Giers, Das „Evangelium" und die Ordnungen des gesellschaftlichen Lebens im sozialtheologischen Denken Johannes Pauls II., in: Münchener Theologische Zeitschrift 33 (1982) 261–280. Vgl. auch die Diskussionsbeiträge zur Auseinandersetzung von W. Kroh und O. v. Nell-Breuning, in: Publik-Forum 13 (1983) Nr. 23, 10f.; 14 (1984) Nr. 1, 10f.; Nr. 2, 12; Nr. 3, 7f.; Nr. 5, 10f.

Theologie der Befreiung im Lichte der Kriterien der kirchlichen Soziallehre für die Gestaltung der weltlichen Gemeinschaften zu beurteilen. Inhaltlich richtet sich die Kritik der kirchlichen Soziallehre an der Theologie der Befreiung insbesondere gegen eine theologisch nicht zu rechtfertigende Verwendung von Philosophie und Sozialwissenschaften im Zusammenhang mit der Theologie der Befreiung sowie gegen die theologische Kompetenz der von der Theologie der Befreiung mit Berufung auf den Glauben in Frage gestellten Ansprüche an die Ordnung der Gesellschaft.

Eine theologische Fundamentalphilosophie wird meines Wissens gegenwärtig kaum betrieben, obwohl man sich ihrer Notwendigkeit immer bewußter wird (KERN 1973). Denn nicht nur der Streit zwischen der kirchlichen Soziallehre und der Theologie der Befreiung um den richtigen theologischen Umgang mit der Philosophie macht das deutlich, die Kirche hat beispielsweise auch im 1. Vaticanum definiert: „Wer sagt, der eine und wahre Gott, unser Schöpfer und Herr, könne mit dem natürlichen Licht der Vernunft durch das, was gemacht ist, nicht mit Sicherheit erkannt werden, der sei ausgeschlossen."[2] Innerhalb der theologischen Fakultäten wird u.a. auf eigenen philosophischen Lehrstühlen eifrig natürliche Theologie und christliche Philosophie betrieben. Wahrscheinlich behindert aber der neuzeitliche Protest gegen die mittelalterliche Funktionalisierung der Philosophie durch die Theologie, die in dem Schlag- oder Kampfwort von der Philosophie als ancilla theologiae einen griffigen Niederschlag fand, die unbefangene fundamentaltheologische Auseinandersetzung mit der Philosophie, obwohl diese insbesondere im Interesse der Theologie, aber auch der Philosophie dringend erforderlich wäre. Richtungweisend für diese fundamentaltheologische Auseinandersetzung mit der Philosophie dürfte die These der Internationalen Theologenkommission sein: „Der Dynamismus des Glaubens und ganz besonders sein missionarischer Charakter schließen die Verpflichtung zu rationaler Rechenschaft ein. Der Glaube ist selbst keine Philosophie, aber er gibt dem Denken eine Richtung an" (INTERNATIONALE THEOLOGENKOMMISSION 1973, 29).

Eine fundamentaltheologische Diskussion über den Beitrag, den die Theologie zur Grundlegung der Erziehung zu leisten hat, und über die Vorgaben der Pädagogik, auf die die Theologie nicht nur im Rahmen der Religionspädagogik, sondern vor allem auch bei der Bestimmung der pädagogischen Dimension der Theologie angewiesen ist, findet teilweise bereits statt, findet aber längst noch nicht die ihr gebührende Aufmerksamkeit.[3] Eine solche fundamentaltheologische Auseinandersetzung mit der Pädagogik muß zweifellos damit rechnen, auf heftigen Widerstand sowohl aus pädagogischen als auch aus theologischen Kreisen zu stoßen. Nicht wenigen Pädagogen wird es sicher als eine Zumutung erscheinen,

---

[2] Neuner-Roos, Nr. 45, Denzinger-Schönmetzer, Nr. 3026.
[3] K. E. Nipkow, Erziehung, in: Theologische Realenzyklopädie, Bd. 10,, Berlin-New York 1982, 232–254 (Lit); E. Feifel, Glaube und Erziehung, in: J. Speck u. G. Wehle (Hrsg.), Handbuch pädagogischer Grundbegriffe, Bd. 1, München 1970, 537–594 (Lit).

wenn die Theologie irgendwie eigene Kompetenz für die Pädagogik beansprucht. Manche Theologen werden vielleicht enttäuscht sein, wenn der Kompetenz der Theologie und der Kirche für die Pädagogik durch die Pädagogik enge Grenzen gezogen werden.

Die folgenden Ausführungen beschränken sich darauf, einige elementare Hinweise auf die Bedeutung theologischer Implikationen der Pädagogik zu geben und zu bestimmen, inwiefern dadurch die Autonomie der Pädagogik nicht eingeschränkt wird, sonden zu voller Geltung kommt.

2. Die Infragestellung einer theologischen Kompetenz für die Pädagogik und die Krise der Pädagogik

Zweifellos besteht bei einer ganzen Anzahl von Pädagogen Anlaß zu Ressentiments gegenüber der heilspädagogischen Funktionalisierung der Pädagogik seitens der Theologie und gegenüber einer klerikalistischen Bevormundung seitens der Kirche. Unter heilspädagogischer Funktionalisierung der Pädagogik durch die Theologie wird in diesem Zusammenhang eine Betrachtung pädagogischer Ziele, Inhalte und Methoden als Instrumente zur Erschließung der Zöglinge für das Heil verstanden – unter Vernachlässigung der Bedeutung der Pädagogik für die weltimmanente Lebensgestaltung.

Es wäre nach dem hier vertretenen Standpunkt allerdings kurzsichtig, die Aberkennung eines theologischen Anspruchs an die Pädagogik seitens vieler Pädagogen bloß auf Ressentiments zurückzuführen. Es gibt nämlich auch heutzutage noch theologische und philosophische Bevormundung der Pädagogik, die allerdings wohl kaum noch mit theoretisch begründetem Anspruch vorgebracht wird. Diese Bevormundung erfolgt vielmehr praktisch, wenn andersdenkenden Pädagogen gegenüber bestimmte theologisch oder philosophisch begründete Erziehungsziele, deren Wahrheitsgehalt und Verbindlichkeit nur im Rahmen einer subjektabhängigen Weltanschauung evident ist, als objektiv wahr und verbindlich dargestellt werden.

Eine Bevormundung geschieht jedoch nicht, wenn die immer vorhandenen theologischen oder philosophischen Implikationen pädagogischer Entwürfe theologisch oder philosphisch kritisiert werden. Tatsächlich aber wird anläßlich solcher Kritik oder auch unabhängig davon in beachtlichem Umfange ein pädagogisches Wissenschaftsverständnis entfaltet, demzufolge die Pädagogik derart autonom ist, daß sie sich der Philosophie und gegebenenfalls der Theologie allenfalls in instrumenteller Weise bedient.[4] Daneben gibt es bei anderen ein Wissenschaftsverständnis von Pädagogik, das nur empirische Methoden anerkennt und auf einen Rückgriff auf methaphysische bzw. theologische Interpretation der kategoria-

---

[4] Vgl. zum wissenschaftlichen Selbstverständnis der Pädagogik: D. Lenzen – K. Mollenhauer (Hrsg.), Enzyklopädie Erziehungswissenschaft, Bd. 1: Theorien und Grundbegriffe der Erziehung und Bildung, Stuttgart 1983.

len Wirklichkeit verzichtet.⁵ Aufgrund ihres Wissenschaftsverständnisses bestreiten zahlreiche Pädagogen sowohl der philosophischen als auch der offenbarungsbezogenen Theologie eine Kompetenz für die deskriptive oder für die normative Pädagogik. Sie tun das meist, ohne direkte Auseinandersetzung mit der Theologie, allein schon durch die Art und Weise, wie sie die Aufgaben der Erziehung ohne Rückgriff auf die Transzendenz und ohne Vorgriff auf eine sich selbst erschließende Zukunft als eine Aufgabe ausschließlich immanent weltlicher Art bestimmen. Daraus ergibt sich dann selbstredend, daß die Theologie keine Kompetenz für die Pädagogik hat.

So analysiert etwa die deskriptive Pädagogik erziehungswirksame Sozialisationsmaßnahmen und absichtliches pädagogisches Handeln hinsichtlich ihrer psychologischen, soziologischen, biologischen, ökonomischen und sonstigen meßbaren Auswirkungen. Normative Pädagogen aber begründen die Verbindlichkeit ihrer Normen entweder mit der tatsächlichen Akzeptanz, die diese Normen finden, oder mit dem politischen Willen der für die Erziehung Verantwortlichen oder mit der Konsensfähigkeit, die sie für die Begründungen ihrer Normen beanspruchen. So werden z.B. Mündigkeit, Emanzipation, soziale Angepaßtheit usw. als konsensfähige pädagogische Zielvorstellungen angesehen, die man ohne Rückgriff auf die natürliche oder übernatürliche Theologie vernünftig begründeter allgemeiner Zustimmung zugänglich machen könne.

Tatsächlich hat diese Art der Bestimmung pädagogischer Zielvorstellungen oder gar Leitbilder zu einer tiefgreifenden Krise der Pädagogik geführt, die als wohlgeplantes Chaos beschrieben wurde.⁶ Die Vorstellungen von den Zielen, erstrebenswerten Inhalten und Methoden der Pädagogik sind überaus pluralistisch, gegensätzlich und veränderlich, weil sie trotz ihres Anspruches auf Konsensfähigkeit so wenig konsensfähig sind. Sie sind nicht wirklich konsensfähig, weil die Vertreter dieser Art von Pädagogik eine den Menschen bindende Erziehungsvorstellung weder erwarten können noch wollen. Wenn man sämtliche Vorstellungen darüber, wozu man erziehen soll, prinzipiell als bestreitbar ansieht und in Frage stellt, ist es im Kontext solch einer „hypothetischen Kultur" (SPAEMANN 1976) nur folgerichtig, daß die Pädagogik in eine Krise geraten ist. Die Bindungsschwierigkeiten vieler, insbesondere junger Zeitgenossen haben sicher auch damit zu tun. Die Intensität und Kontinuität bedingungslos bejahender menschlicher Zuwendung leidet in solch einem Klima bedingter Verbindlichkeit und somit des Vertrauensschwundes ebenso Schaden wie die Zuversicht in die Zukunft.

Karl Ernst NIPKOW hat recht, wenn er in seinem ausführlichen Artikel „Erziehung" in der Theologischen Realenzyklopädie vom Jahre 1982 feststellt: „Die Pädagogik steht heute darum vor der Erziehungsfrage, weil

---

⁵ Vgl. zum empirisch-wissenschaftlichen Verständnis der Pädagogik z. B. W. Brezinka, Von der Pädagogik zur Erziehungswissenschaft, Weinheim ²1972; dazu kritisch: R. Uhle, Geisteswissenschaftliche Pädagogik und kritische Erziehungswissenschaft, München 1976.
⁶ FAZ Nr. 59, 9. 3. 84.

die Gesellschaft vor der Sinnfrage steht. Auf einen Wertekonflikt aber, der eine Sinnkrise zur Voraussetzung und eine Identitätskrise der Jugendlichen zur Folge hat, paßt nicht mehr ein Erziehungsdenken – gebe es sich autoritäts-gläubig oder antiautoritär –, das von einer Autoritätskrise geprägt ist. Hierauf müßte mit einer substantiellen Diskussion über die gesellschaftlichen Werte selbst und mit einer menschenfreundlichen Umgestaltung der Lebensverhältnisse und menschlichen Beziehungen geantwortet werden" (NIPKOW 1982, 252). Die Theologie muß sich deshalb einem Dialog und, wo es nötig ist, einer Auseinandersetzung mit den theologischen und philosophischen Implikationen pädagogischer Sinnentwürfe und ihrer Konsequenzen stellen.[7]

3. Der Anspruch der Theologie auf Interpretation weltlichen Geschehens

3.1 Die Kompetenz der empirisch orientierten Wissenschaft
für die Interpretation der Welt.

Genau an dieser Stelle, an der sich die Sinnfrage für die Pädagogik stellt, setzt somit das Interesse der Theologie an ihr an. Sie versucht dementsprechend, ihre Kompetenz für die Pädagogik in ihrer Tragweite und in ihren Grenzen mit ihrer eigenen Kompetenz für Sinnfragen zu begründen.

In der Regel haben weder Philosophen noch Theologen Schwierigkeiten anzuerkennen, daß man zur Feststellung empirischer Tatsachen und ihrer weltimmanenten wirkursächlichen Zusammenhänge keiner metaphysischen oder theologischen Kompetenz bedarf. Im Gegenteil, Philosophie und Theologie sind von empirischer Kompetenz, die ihnen als Philosophie und Theologie abgeht, abhängig, wenn sie im Zusammenhang mit ihrer metaphysischen bzw. theologischen Kompetenz die kategoriale Wirklichkeit und somit weltimmanentes Geschehen als richtig oder falsch beurteilen und als gut oder schlecht bewerten (RAWER/RAHNER 1981, BOSSHARD 1981). Deshalb beansprucht die Theologie – wenigstens heute – nicht, mit Berufung auf ihre theologische Interpretation der Welt als Schöpfung Aussagen über die immanente Entwicklung der Welt, also z.B. Aussagen über das richtige physikalische Weltbild oder über die Phylogenese machen zu können. Sie ist vielmehr auf die Richtigkeit der Aussagen empirischer Wissenschaften angewiesen, weil sie sich in ihren

---

[7] H. Günther – C. Willecke – R. Willecke, Grundlegung einer bejahenden Erziehung, München 1977; L. Kerstiens, Erziehungsziele neu befragt, Bad Heilbrunn 1978; L. Mauermann – G. Nockmann – H. Stadler (Hrsg.), Welterklärung und Wertorientierung, Donauwörth 1981; R. Hülshoff, Der Zusammenhang von Unterricht und Erziehung – Eine Studie zur Theorie der Bildung bei Alfred Petzelt, in: H. Kreis – H. v. d. Bar (Hrsg.), Erziehungskonzepte für die Schule, Düsseldorf 1982, 113–136. Vgl. zum weiteren philosophischen und theologischen Kontext auch H. Döring – F. X. Kaufmann, Kontingenzerfahrung und Sinnfrage, in: Christlicher Glaube in moderner Gesellschaft, Bd. 9, Freiburg–Basel–Wies 1981, 6–67 (Lit).

Schlußfolgerungen von ihnen abhängig machen muß und erst dann für den Wahrheitsgehalt ihrer Aussagen über den Sinn des empirisch Festgestellten theologische Verbindlichkeit beanspruchen kann. „Das sollte jeder verstehen, der begriffen hat, daß die Fragen des richtigen Handelns in der horizontalen Verwirklichung der menschlichen Welt zunächst nicht sittliche, sondern Sachfragen, Menschheitsfragen sind. An sich hat die Kirche und ihre Hierarchie keinen anderen Zugang zur Problematik etwa aeropatialer, nuklearer, genetischer, sozialer, biologischer, psychologischer oder geschlechtlicher Fragen als die Menschheit im allgemeinen" (FUCHS 1982, 670). Deshalb kann die Theologie z. B. heilsbedeutsame Wunder legitimerweise nicht als Durchbrechung von weltimmanenten Naturgesetzen bestimmen, weil eine solche Durchbrechung von weltimmanenten Naturgesetzen empirisch festgestellt werden müßte, eine solche empirische Feststellung aber prinzipiell nicht möglich ist (WEISSMAHR/ KNOCH 1982, RAFFELT/RAHNER 1981). Daraus ergibt sich: Weder die Metaphysik noch die Theologie können kraft ihrer eigenen Kompetenz eine verbindliche Theorie z. B. über die empirische Entstehung der Welt oder über das empirische Zustandekommen von Wundern erstellen. Sie können aus den gleichen Gründen ebensowenig eine verbindliche Theorie über die empirische Natur des Menschen, der Gesellschaft oder des Erziehungsprozesses erarbeiten.

3.2 Der empirische Vorbehalt gegenüber theologischer Weltinterpretation

Dementsprechend sind alle theologischen Aussagen, die auf einer Interpretation empirischer Vorgänge beruhen und soweit sie auf einer solchen Interpretation beruhen, unter einen empirischen Vorbehalt zu stellen: Sie sind nur dann richtig, wenn ihre empirisch festzustellenden Voraussetzungen richtig sind. Soweit die Theologie bei ihren Erklärungen über die die Erfahrung übersteigende Sinnhaftigkeit weltlichen Geschehens von unzulänglichen und überholten empirischen Erklärungsmustern abhängig ist, muß sie dementsprechend auch immer ihre Erklärung des Sinns von weltlichem Geschehen korrigieren. Theologische Aussagen müssen demnach seitens der empirischen Wissenschaft in dem Maße unter einen empirischen Vorbehalt gestellt werden, wie sie von empirischen Erklärungen der kategorialen Wirklichkeit abhängig sind.

Weil die Kirche sich bewußt ist, daß sie sich kraft ihrer theologischen Kompetenz mit keiner bestimmten empirisch begründeten Theorie des Menschen, der Gesellschaft, der Erziehung, der Philosophie, der Sittlichkeit usw. einfachhin identifizieren kann, beansprucht sie auch nicht, sondern lehnt sie es nach der Auffassung ihrer maßgeblichen Theologen vielmehr ab, eine empirisch begründete und somit eine *bestimmte* Lehre über den Menschen, die Gesellschaft, über einzelne Institutionen, wie z. B. über die Ehe, über die Erziehung, die philosophische Interpretation der Welt oder die Sittlichkeit als die christliche zu bezeichnen.

Es gibt keine christliche Sitten- und Soziallehre noch Pädagogik, die nicht von einer bestimmten Erhebung und Deutung empirischer Daten abhängig ist und einem bestimmten historisch bedingten Weltbild verhaftet bleibt. Darum sind die Sitten- und Soziallehre auch immer geschichtlichem Wandel unterworfen. Alle konkreten Normen und Theorien stehen deshalb – christlich gesehen – unter dem empirischen Vorbehalt des Wenn-dann. Deshalb gelten auch konkrete moralische Normen bloß in der Regel, d.h. wenn die bei ihrer Formulierung gemachten kategorialen Voraussetzungen in der konkreten Situation zutreffen.

Das schließt nicht aus, sondern vielmehr ein, daß verschiedene solche Theorien sich im affirmativen Sinn als christlich in dem Sinne bezeichnen können, daß sie sich in Übereinstimmung mit den Erfordernissen, den Ansprüchen befinden, die theologischer- bzw. christlicherseits an die Beurteilung und Bewertung der Welt zu stellen sind.

3.3 Der geschichtliche und eschatologische Vorbehalt der Theologie gegenüber empirisch orientierten Welterklärungen

Wenn Theologie und Kirche keine exklusive Kompetenz zur Beurteilung der Welt und des weltlichen Geschehens beanspruchen, beanspruchen sie nach dem eben Ausgeführten dennoch eine eigene und somit theologisch bzw. kirchlich verbindliche Kompetenz zur prinzipiellen Beurteilung der Welt und der innerweltlichen Vorgänge. Nach ihrer Auffassung kann man nämlich die Welt und die menschlichen Vorgänge in ihrer Bedeutung für eine menschengerechte Beurteilung und menschenwürdige Bewertung letztlich hinreichend und angemessen nur dann beurteilen und bewerten und somit wirklich verbindlich erschließen und interpretieren, wenn man die Welt und die menschlichen Vorgänge in ihrem Bezug zur Transzendenz bzw. zu der in der Welt und in den weltlichen Vorgängen sich selbst erschließenden Zukunft sieht. Um die Welt wirklich zu verstehen, muß man sie somit in ihrem Bezug zum in der Welt und in ihrem innerweltlichen Vollzug sich erschließenden Gott deuten. Der Mensch und die Welt werden als endgültig sinnorientiert letztlich nur in ihrem Bezug zur Transzendenz und zum sich offenbarenden Gott verständlich. Keine kategoriale Wirklichkeit ist somit aus sich selbst heraus verständlich. Die Kategorien sind nämlich zwar apriorische Verstandesbegriffe zur gegenständlichen und somit eindeutig objektiven Erklärung der empirischen Wirklichkeit. Aber sie sind eben keine hinreichenden Kriterien zur eindeutigen begrifflichen Bestimmung des transzendenten Sinnes und Zweckes der kategorial bestimmten Wirklichkeit. Dieser läßt sich vielmehr nur anhand hermeneutischer Prinzipien erklären und begründen, deren Wirklichkeitsentsprechung und somit Evidenz bei der Beurteilung, Deutung und Bewertung der Wirklichkeit gleichzeitig subjektabhängig vorausgesetzt wird. Diese dienen somit als im ursprünglichen Sinne anfanghafte Maßstäbe und deshalb nicht als einfachhin objektive Prinzipien zur Beurteilung, Deutung und Bewertung der Wirklichkeit, die nicht weiterhin hinterfragbar sind. Keine kategoriale Wirklichkeit ist somit endgültig aus sich selbst heraus verständlich (WERBICK 1981).

Nach der Auffassung der Theologie erschließt sich Gott in der Schöpfung als der transzendente und somit von der Schöpfung verschiedene Gott, von dem die Welt abhängig ist und auf den sie bezogen ist. In der geschichtlichen Selbstoffenbarung erschließt sich Gott darüber hinaus eschatologisch als das uns absolut nahe Geheimnis (BOUILLARD 1981). In dieser Selbsterschließung Gottes erschließt sich den Menschen im philosophischen und theologischen Gottesglauben gleichzeitig auch ihr eigener Sinn und Zweck sowie der Sinn und Zweck der Welt in Abhängigkeit von und in Hinordnung auf diesen sich den Menschen und der Welt mitteilenden Gott. Der Mensch und in Abhängigkeit von ihm die Welt sind also nach Auffassung der Theologie letztlich nicht nur auf Transzendenz und absolute Zukunft offen, sondern sie sind nur so richtig und angemessen zu beurteilen und zu bewerten.

Zur Erschließung und Interpretation dieses Bezuges des Menschen und der Welt zu Gott und zur Erschließung der Konsequenzen, die sich für die Menschen und die Welt aus diesem Bezug ergeben, beansprucht die Theologie die ihr eigene Kompetenz. Weil und insoweit die Erschließung und Interpretation des vorgegebenen unbedingten Sinnhorizonts, der in der innerweltlichen Wirklichkeit – wenn auch inadäquat – zum Ausdruck kommt, für die Interpretation der Welt als solcher und des weltlichen Geschehens von Bedeutung ist, beansprucht die Theologie demnach eine affirmative, wenn auch nicht exklusive Kompetenz für die Beurteilung und Bewertung der Welt und des innerweltlichen Geschehens. Sie zeigt auf, wie die kategorial faßbare Wirklichkeit auf eine kategorial nicht adäquat interpretierbare geschichtliche und eschatologische, in sich selbst sinnvolle Zukunft hingeordnet ist. Sie macht bewußt, daß Gott in der kategorial erfaßten Wirklichkeit schon geschichtlich faßbar und eschatologisch wirksam ist, aber nicht in dieser Wirklichkeit aufgeht und daß der Mensch sich und die Welt mißversteht, wenn er in der kategorialen Interpretation der Wirklichkeit diese nicht übersteigt.

Die Theologie ist sich bei diesem Interpretationsprozeß bewußt, daß der Mensch sich dem die kategoriale Wirklichkeit übersteigenden Sinn der kategorialen Wirklichkeit prinzipiell in verschiedener Weise sowohl erschließen als auch verweigern kann, weil dieser Sinn ungegenständlich ist, aber zum Zwecke kategorialer Interpretation und Handlungsorientierung doch in kategorialer Weise objektiviert und dabei inadäquat und begrenzt erfaßt werden muß. Der in der kategorialen Wirklichkeit vorgegebene Sinn gestattet dem Menschen somit prinzipiell verschiedene Sinnentwürfe sowohl sinnentsprechender als auch sinnwidriger Art. Weil der Mensch aufgrund seiner Freiheit, die durch seine Bindung an die kategoriale Wirklichkeit zwar begrenzt und in unbeliebige Bahnen gelenkt, aber nicht aufgehoben wird, sich die kategoriale Wirklichkeit in verschiedener – wenn auch nicht beliebiger – Weise sinnvoll dienstbar machen kann, kann er darüber hinaus unterschiedliche Sinnentwürfe sinnvoller – und auch sinnwidriger – Art machen. D.h. man kann das Leben berechtigterweise auf sehr unterschiedliche Art sinnvoll gestalten und dabei immer dem unbedingt verbindlichen Sinnanspruch gerecht werden (KORFF 1979).

Die Theologie beurteilt die Welt und das innerweltliche Geschehen deshalb nicht nur unter einem empirischen, sondern gleichzeitig auch unter einem geschichtlichen und eschatologischen Vorbehalt. D.h. sie interpretiert, wie das geschichtliche Geschehen in einer heilsgeschichtlichen und eschatologischen Perspektive zu beurteilen und zu bewerten ist. Aufgrund dessen gelangt sie zu Aussagen über die kategoriale faßbare Wirklichkeit, mittels derer ausdrücklich gemacht wird, daß in ihnen die Zukunft und das Heil nur asymptotisch und anfangshaft einen Ausdruck finden.

Sie zieht aus diesem vorgegebenen prinzipiellen Bezug des Menschen und der Welt auf Gott, als dem Inbegriff des Wahren, Guten und Schönen, dann die Konsequenz, daß der Mensch diesen Gottesbezug in seinem Leben so verwirklichen soll, wie es unter sachgerechter Berücksichtigung seiner Bindung an die Natur angemessen ist. Sie fordert den Menschen deshalb dazu auf, sich in Glaube, Hoffnung und Liebe auf den Menschen und dann und darüber hinaus auf Gott hinzuordnen und sich gleichzeitig um Gottes willen auf dessen Schöpfung einzulassen, wie es dem Vorbilde Gottes entspricht, der Mensch und Natur ihrer Eigenart gemäß bedingungslos schafft, erhält und fördert (MOLINSKI 1967, 1969, RAHNER 1969). Die Moraltheologie zieht daraus die Konsequenz: Der Mensch soll in unparteiischer Liebe den Nächsten wie sich selbst lieben und sich aufgrund dessen nach Kräften für die Verwirklichung der Grundwerte Freiheit, Gleichheit, Brüderlichkeit in Verantwortlichkeit für die Natur einsetzen.

Daraus ergibt sich: Die Theologie hat zur Interpretation der Welt ursprünglich und eigentlich eine prinzipielle Kompetenz. Sie beurteilt und bewertet die kategorial erfaßte Wirklichkeit im Lichte ihrer prinzipiellen Hinordnung auf den transzendent und eschatologisch den Menschen und die Welt schaffenden, erhaltenden und leitenden Gott. Diese theologische Kompetenz bezieht sich inhaltlich auf die Erschließung des Sinnhorizontes der weltlichen Wirklichkeit.

Aufgrund dieser Kompetenz verurteilt sie bestimmte Formen kategorialer Weltinterpretation indirekt als mit gesicherten Erfordernissen der Theologie unvereinbar. So geht es beim Fall Galilei letztlich wohl darum, inwieweit Galilei Aussagen machte, mit denen er indirekt die theologische Kompetenz der Schrift bzw. Kirche zur Erklärung des transzendenten bzw. theologischen Sinns der Welt in Frage stellte und – sofern er das tat – seine empirische Kompetenz überschritt (BRAND-MÜLLER 1982).

Entsprechend beansprucht die Kirche, bestimmte Formen kategorialer Weltinterpretation indirekt als mit den gesicherten Erfordernissen der Theologie vereinbar zu interpretieren. Ein typisches Beispiel dafür ist die Aussage des Tridentinum, die Kirche irre nicht, wenn sie gelehrt habe: Nach evangelischer und apostolischer Lehre könne wegen Ehebruchs das eheliche Band nicht gelöst und zu Lebzeiten des einen Gatten vom anderen keine andere Ehe eingegangen werden. Die Konzilsväter wollten auf diese Weise nämlich einerseits vermeiden, die griechische Kirche sowie Stimmen von Kirchenvätern., Theologen, Regionalkonzilien und einzelne frühere kanonische Regelungen direkt mit einem Bannfluch zu belegen, die die Wiederheirat im Falle von Ehebruch duldeten, sie wollten auch nicht erklären, daß die zu definierende „Lehre" des Konzils mit der Lehre der Schrift identisch sei. Sie wollten sich andererseits gleichzeitig nicht mit der Aussage begnügen, daß diese „Lehre" nicht „neben der

Schrift oder gegen die Schrift" stehe. Sie wollten vielmehr die „Lehre der Kirche" als der „Lehre des Evangeliums und der Apostel gemäß" charakterisieren und dadurch in Beziehung zur göttlichen Offenbarung bringen.[8]

3.4 Der Ausschluß einer bloßen Funktionalisierung der Welt auf das Heil hin

Bei der Erschließung des Sinnhorizontes der Welt und des weltlichen Geschehens muß die Theologie unbedingt die Versuchung einer einseitigen Funktionalisierung der Welt und des weltlichen Geschehens im Hinblick auf das in der Welt bereits wirksame, aber noch in Zukunft zu vollendende eschatologische Heil vermeiden. Eine solche einseitige bzw. radikale Funktionalisierung des Wohls der Menschen und der Welt auf das Heil hin führt nämlich dazu, daß der von Gott auch gestiftete und deshalb immanente Sinn und Zweck des menschlichen Lebens in dieser Welt, des Lebens im Hier und Heute, nicht hinreichend gewürdigt wird. Eine radikale Funktionalisierung des Wohls auf das Heil hin ist unzulässig, weil die Welt und das menschliche Leben in jeder Phase nicht nur im Hinblick auf die Transzendenz und Zukunft Sinn und Zweck haben, sondern gleichzeitig in sich selbst und im Hinblick auf die Gegenwart. Offenbarungstheologisch hat auch die jetzige Endzeit nicht bloß eine eschatologische Funktion, sondern auch einen immanenten messianischen Sinn (LUBAC 1979 f., BALTHASAR 1981, SCHAEFFLER 1982, MOLTMANN 1982). So dürfen z.B. auch Kindheit und Erziehung nicht bloß im Hinblick auf die Zukunft interpretiert werden, die sie eröffnen sollen, sondern sie sollen gleichzeitig so interpretiert werden, daß in ihnen die Möglichkeiten der Gegenwart optimal verwirklicht werden können (SIEWERTH 1957). Umgekehrt darf die Weltorientierung nicht zu Lasten der Heilsorientierung erfolgen, wie dies dem sogenannten Horizontalismus vorgeworfen wird. Vielmehr muß in der Heilsorientierung die Weltorientierung gleichzeitig bewahrt und sich selbst überbietend vertieft werden.

4. Der Anspruch der Theologie an die Interpretation des pädagogischen Geschehens

Aus diesen mehr an der allgemeinen Fundamentaltheologie orientierten Überlegungen ergeben sich für eine theologische Fundamentalpädagogik und im Zusammenhang damit für die Ansprüche der Theologie an das pädagogische Handeln verschiedene Folgerungen.

4.1 Kein Anspruch auf eine allgemein verbindliche christliche Theorie der Erziehung

Die Theologie will und kann weder den christlichen noch allen Erziehern ein einziges und allgemein verbindliches Konzept christlicher Erziehung

---

[8] Denzinger-Schönmetzer, Nr. 1807; dazu: P. Fransen, Das Thema „Ehescheidung nach Ehebruch" auf dem Konzil von Trient (1563), in: Concilium 6 (1970) 343–348; s. a. W. Molinski, Theologie der Ehe in der Geschichte, Aschaffenburg 1976, 153–155.

vermitteln. Es gibt keine empirisch begründete und allgemein gültige Theorie christlicher Erziehung. Die Theologie stellt deshalb an die Erzieher nicht den Anspruch, daß sie in einer bestimmten Weise erziehen.

Im Gegenteil: Da der Mensch frei ist und alle irdischen Entwürfe und Entscheidungen seitens der Pädagogik unter einen empirischen Vorbehalt der Richtigkeit sowie seitens der Philosophie und Theologie unter einen geschichtlichen und eschatologischen Vorbehalt der durch Gott eröffneten unbegrenzten Zukunft seines Geheimnisses stellen soll, muß der Mensch damit rechnen, daß er in der Regel mehrere gleich gute Möglichkeiten sinnvoller und Gott wohlgefälliger Zukunftsgestaltung hat.

Sofern es stimmt, daß es dennoch immer noch eine praktische und vielleicht sogar eine theoretische theologische und philosophische Bevormundung der Pädagogik gibt, erweist es sich demnach als dringend erforderlich, daß kirchengebundenes Denken und praktisches Handeln ihr Selbstverständnis korrigieren und sich unbefangen einem berechtigten pädagogischen Pluralismus in Theorie und Praxis erschließen. Die Überzeugungskraft kirchlich inspirierter pädagogischer Entwürfe leidet dadurch keinen Schaden, sie kann dann vielmehr aufgrund der dadurch gewonnenen größeren Klarheit ihrer pädagogischen Sinnhaftigkeit besser zur Geltung kommen. Eventuell vorhandene Ressentiments gegenüber der kirchlichen Diakonie im Bereich der weltlichen Erziehung werden dann leichter abgebaut oder zumindest deutlicher als Ressentiments entlarvt.[9] Es erweist sich dann nämlich: Einen Kairos, in dem sich nur eine bestimmte Handlungsmöglichkeit als die einzig richtige herausstellt, gibt es im Leben des einzelnen und der Entwicklung von Institutionen nur selten.[10] Außerdem betrifft ein solcher Kairos immer nur diejenigen, die in dieser einzigartigen Situation zur Entscheidung aufgefordert sind. Dementsprechend bieten sich in der Regel für den einzelnen Erzieher und für die Erziehungseinrichtungen auch unterschiedliche Modelle berechtigter und erforderlicher Erziehung an. Entscheidend ist aus der Sicht der Kirche immer nur, daß die Erziehung, soweit das menschenmöglich ist, sowohl dem Heil als auch dem Wohl der Zöglinge dient, und zwar so, daß Erziehung im Dienste des Wohls nicht zu Lasten der Erziehung im Dienste des Heils geht und Erziehung zum Heil im Rahmen des Möglichen auch Erziehung zum Wohl beinhaltet.

4.2 Anspruch auf die prinzipielle Ausrichtung christlicher Erziehung an der katholischen Glaubens- und Sittenlehre

Alle pädagogischen Entscheidungen christlicher Erzieher und kirchlicher Einrichtungen sollen sich aber nach den Prinzipien der katholischen

---

[9] Vgl. zum Thema Ressentiment: M. Scheler, Das Ressentiment im Aufbau der Moralen, in: Vom Umsturz der Werte (Ges. Werke, Bd. III), Bern ⁴1955, 33–147.

[10] Vgl. zur Frage des Kairos u. a. P. Tillich, Kairos, Darmstadt 1926; G. Delling, Art. Kairos, in: ThWNT III, Stuttgart 1938, 456–465; W. Molinski, Art. Situationsethik, in: Sacramentum Mundi, Bd. IV, 568–576, insbes. 571–573; L. Bakker, Freiheit und Erfahrung. Redaktionsgeschichtliche Untersuchungen über die Unterscheidung der Geister bei Ignatius v. Loyola, Würzburg 1970.

Glaubenslehre als Entscheidungskriterien richten. Alle anderen sollen sich nach diesen Prinzipien richten, soweit sie ihnen einleuchten. Die für die Erziehung relevanten tatsächlichen pädagogischen Gegebenheiten und Gesetzmäßigkeiten sind demnach diesem Anspruch zufolge danach zu beurteilen, wie sie sich im Hinblick auf die optimale Verwirklichung der Möglichkeiten auswirken, die durch die Prinzipien der Glaubens- und Sittenlehre eröffnet werden.

Das darf aber nach dem eben Ausgeführten gerade nicht heißen, daß die kategorial erfaßbare und operationabel lenkbare Erziehung in den mannigfaltigen weltimmanenten Lebensbereichen und so auch in den verschiedenen Unterrichtsfächern einseitig im Hinblick auf ihre Bedeutung für die Glaubens- und Sittenerziehung funktionalisiert werden. Die pädagogische Eigengesetzlichkeit muß vielmehr voll zum Tragen kommen, gerade auch aus Respekt davor, daß in der Sicht des Glaubens die Eigengewichtigkeit dieser Bereiche von Gott gewollt ist. Dementsprechend verlangt das Vaticanum II: „Wenn die Laien, sei es als Einzelne, sei es in Gruppen, als Bürger dieser Welt handeln, so sollen sie nicht nur die jedem einzelnen Bereich eigenen Gesetze beobachten, sondern sich zugleich auch um gutes fachliches Wissen und Können in den einzelnen Sachgebieten bemühen. Sie sollen bereitwilligst mit denen, die die gleichen Aufgaben haben wie sie, zusammenarbeiten. In Anerkennung der Forderungen des Glaubens und in seiner Kraft sollen sie, wo es geboten ist, mit Entschlossenheit Neues planen und ausführen. Aufgabe ihres von vornherein richtig geschulten Gewissens ist es, das Gebot Gottes im Leben der profanen Gesellschaft zur Geltung zu bringen" (GS 43). Die innerweltliche Erziehung in den verschiedenen Bereichen soll aber – soweit das unter den konkreten Umständen sinnvoll ist – auf den die weltliche Wirklichkeit und das Wohl der Menschen erweiternden und überbietenden Sinnhorizont des Heils hin dynamisiert werden, der sich im Glauben und in einem dem Glauben entsprechenden Handeln in Liebe erschließt.

Die Theologie erwartet demnach von den christlichen Erziehern, ob sie nun in einer christlichen oder nichtchristlichen Einrichtung erziehen und Christen oder Nichtchristen erziehen, daß sie immer aus dem Vorverständnis ihres Glaubens und ihrer Überzeugung heraus erziehen und diesem Vorverständnis und dieser Überzeugung niemals zuwiderhandeln.

Sie erwartet von ihnen darüber hinaus, daß sie in dem Ausmaße, wie es unter den konkreten Gegebenheiten für sie selbst und speziell für ihren Erziehungsauftrag angemessen ist, ihren Glauben und ihre Sittlichkeit bezeugen; soweit das unter den konkreten Umständen angemessen und möglich ist, sollen sie darüber hinaus sogar aufgrund ihres Glaubensverständnisses bemüht sein, alle Zöglinge auf den Glauben hin und, soweit sie gläubig sind, auf die Glaubensvertiefung hin und auf das jeweils entsprechende sittliche Verhalten hin zu erziehen. Dieser Hinweis ist – nach dem bereits Gesagten selbstverständlich – keine Aufforderung zur Proselytenmacherei noch zu sich ereifernder religiöser und sittlicher Missionierung. Denn das wäre sowohl als pädagogischer Verstoß gegen das Gesetz der Gradualität anzusehen, von dem Johannes Paul II. zuerst bei seiner

Homilie zum Abschluß der VI. Bischofssynode (25. 10. 1980) und dann vor allem in seiner Enzyklika „Familiaris consortio" (22. 11. 1981 Nr. 34) spach, als auch als Verstoß gegen die aus theologischen Gründen zu respektierende Glaubens- und Gewissensfreiheit.

4.3 Der Anspruch auf christliche Kritik glaubens- und sittenfeindlicher pädagogischer Vorstellungen

Die Theologie stellt an die christlichen Erzieher und mittelbar an alle anderen Pädagogen schließlich auch den Anspruch, daß sie sich in der Unterscheidung der Geister üben. Sie sollen deshalb im Rahmen des Angemessenen zu pädagogischen Irrlehren Stellung nehmen, die den Ansprüchen des Glaubens und der Sittlichkeit widersprechen. Dazu ist allerdings nicht nur eine sichere Vertrautheit mit den Prinzipien der christlichen Glaubens- und Sittenlehre nötig, sondern auch eine realistische Kenntnis der pädagogischen Gegebenheiten und Gesetzmäßigkeiten. Es kann kein Zweifel bestehen, daß in unserer Zeit großer kultureller und theologischer Umbrüche in dieser Hinsicht bei zahlreichen Theologen und Pädagogen eine beachtliche Unsicherheit besteht. Es hat unter diesen Umständen keinen Zweck, fehlende Sachkenntnis durch sogenannte Prinzipientreue oder gar durch theologischen oder pädagogischen Schneid ersetzen zu wollen. Es kommt vielmehr darauf an, sich mit Energie, Geduld, Einarbeitung und Einfühlung theologisch kompetent zu machen und aufgrund dessen die Zeichen der Zeit zu erkennen, sinnvoll zu deuten und angemessen in die Tat umzusetzen.

Nichtchristlichen Pädagogen gegenüber kann die Theologie den Anspruch zur Unterscheidung der Geister im Sinne ihrer subjektabhängigen Weltanschauung allerdings nur in dem Ausmaße stellen, wie es ihr gelingt, ihnen gegenüber ihre subjektabhängigen Evidenzen und Vorentscheidungen fundamentaltheologisch und somit mit dem Anspruch auf allgemeine Kommunikabilität plausibel zu machen. Angesichts unseres weltanschaulichen Pluralismus erweist sich unter diesen Umständen die Entwicklung einer differenzierten theologischen Fundamentalpädagogik im Interesse einer hinreichenden und möglichst weitreichenden erziehungswissenschaftlichen Konsensbildung als eine vordringliche Aufgabe kirchlicher Diakonie im Dienste der Erziehung und somit des kirchlichen Auftrags zur Mitwirkung an der Weltgestaltung im Lichte des Glaubens.

4.4 Der Anspruch auf die Erstellung pluraler Modelle christlicher Erziehung

Hilfreicher noch als die Auseinandersetzung mit Theorien und Praxen, die mit Glaube und Sitte unvereinbar sind, könnte unter diesen Umständen die tatkräftigere und couragiertere Verwirklichung des Anspruchs an den christlichen Erzieher sein, glaubens- und sittenkonforme und gleichzeitig zeitgemäße Modelle christlicher Erziehung theoretisch zu entfalten und praktisch zu verwirklichen. Das gilt nicht nur für den einzelnen christlichen Erzieher und für Zusammenschlüsse christlicher Erzieher in kirchenamtlich geleiteten Erziehungseinrichtungen, sondern auch für basiskirchlich orientierte unabhängige christliche Erziehungsgemeinschaften, wie auch für die Zusammenarbeit mit nichtchristlichen Erziehern und Erziehungseinrichtungen und für die Mitarbeit in weltlichen Erziehungseinrichtungen.

Franz PÖGGELER hat sicher recht, daß u. a. gerade in der Lehrerausbildung von christlichen Pädagogen und Theologen häufig längst nicht mit der gleichen Selbstverständlichkeit christliche Pädagogik und christliche Erziehungsmodelle zur Kenntnis genommen und zur Geltung gebracht werden, wie von marxistischen und laizistischen Lehrerausbildern und -bildnern ihre Erziehungstheorien und Modelle präsentiert werden (PÖGGELER 1983). Es gibt zwar nicht eine bestimmte christliche Erziehungstheorie und noch weniger nur ein Modell, nur eine wahrhaft katholische Praxis der Erziehung, aber es gibt eine große Anzahl theoretischer pädagogischer Vorschläge, die dem Anspruch der Theologie an das pädagogische Handeln gerecht werden, und es gibt noch mehr praktisches pädagogisches Handeln, das sich an den Grundsätzen der katholischen Glaubens- und Sittenlehre orientiert. An all diesem Engagement soll – unter den entsprechenden Vorbehalten – modellhaft und leitbildhaft bewußt werden, was christliche Erziehung alles leisten kann.

5. Schluß

Diese Ausführungen konnten nur einige Hinweise auf die Ansprüche der Theologie an das pädagogische Handeln geben. Aber es ist zu hoffen, daß bereits diese Hinweise deutlich machten: Die Ansprüche der Theologie an die Erziehung relativieren zwar die Autonomie der Erziehung. Aber durch diese Relativierung wird diese Autonomie nicht eingeengt, sondern in Beziehung zu einem unbegrenzten Sinnhorizont gebracht. Sie wird dadurch vertieft und erweitert. Soweit sich die Pädagogik an ihm orientiert und soweit ihn eine falsch verstandene Theologie nicht einengt, kann die Orientierung an diesem Horizont den Horizont des christlichen Erziehers unbegrenzt erweitern. Denn dieser Horizont ist kein anderer als der lebendige Gott, dem wir in der Welt unser Dasein verdanken und auf die Teilhabe an dessen Leben in Fülle wir hingeordnet und zu der wir befähigt sind.

Literatur

BALTHASAR, Hans Urs von, Zu einer christlichen Theologie der Hoffnung. In: Münchener Theologische Zeitschrift, 32. Jg. 1981, S. 81–102.
BÖCKLE, Franz, Fundamentalmoral, München 2. Auflage 1978.
BOSSHARD, Stefan Niklaus, Evolution und Schöpfung. In: Christlicher Glaube in moderner Gesellschaft, Bd. 3, Freiburg/Basel/Wien 1981, S. 88–127.
BOUILLARD, Henri, Transzendenz und Gott des Glaubens. In: Christlicher Glaube in moderner Gesellschaft, Bd. 1, Freiburg/Basel/Wien 1981, S. 87–131.

BRANDMÜLLER, Walter, Galilei und die Kirche, Regensburg 1982.
FUCHS, Josef, Sittliche Wahrheiten – Heilswahrheiten? In: Stimmen der Zeit, 200. Jg. 1982, S. 662–676.
INTERNATIONALE THEOLOGENKOMMISSION, Die Einheit des Glaubens und der theologische Pluralismus, Einsiedeln 1973.
KERN, Walter, Bemerkungen zur Frage: Plurale Philosophie (als Medium pluraler Theologie?). In: Internationale Theologenkommission, Die Einheit des Glaubens und der theologische Pluralismus, Einsiedeln 1973, S. 204–214.
KORFF, Wilhelm, Die naturale und geschichtliche Unbeliebigkeit menschlicher Normativität. Der Unbedingtheitsanspruch des Sittlichen. In: HERTZ, Anselm u. a. (Hrsg.), Handbuch der christlichen Ethik, Bd. 1, Freiburg 2. Auflage 1979, S. 147–167.
LUBAC, Henry de, La postérité spirituelle de Joachim de Fiore, Bd. I, Paris 1979, Bd. II, Paris 1980.
MOLINSKI, Waldemar, Artikel Sittlicher Akt. In: Sacramentum Mundi, Bd. I, Freiburg 1967, S. 68–89, Artikel Leben, Bd. III, Freiburg 1969, S. 669–675.
MOLTMANN, Jürgen, Christliche Hoffnung: Messianisch oder transzendent? Ein theologisches Gespräch mit Joachim von Fiore und Thomas von Aquin. In: Münchener Theologische Zeitschrift, 33. Jg. 1982, S. 241–260.
NIPKOW, Karl Ernst, Artikel Erziehung. In: Theologische Realenzyklopädie, Bd. X, Berlin/New York 1982, S. 232–254.
PÖGGELER, Franz, Religiöses Defizit am Katheder. In: Rheinischer Merkur/Christ und Welt vom 29. Juli 1983.
RAHNER, Karl, Artikel Liebe. In: Sacramentum Mundi, Bd. III, Freiburg 1969, S. 234–252.
RAFFELT, Albert; RAHNER, Karl, Anthropologie und Theologie. In: Christlicher Glaube in moderner Gesellschaft, Bd. 24, Freiburg/Basel/Wien 1981, S. 5–55.
RAWER, Karl; RAHNER, Karl, Weltall, Erde, Mensch: In: Christlicher Glaube in moderner Gesellschaft, Bd. 3, Freiburg/Basel/Wien 1981, S. 6–85.
SCHAEFFLER, Richard, Zur Anthropologie und Theologie der Hoffnung. In: Münchener Theologische Zeitschrift, 33. Jg. 1982, S. 1–24.
SIEWERTH, Gustav, Metaphysik der Kindheit, Einsiedeln 1957.
SPAEMANN, Robert, Überzeugungen in einer hypothetischen Zivilisation. In: Neue Zürcher Zeitung, Fernausgabe Nr. 277 vom 26. 11. 1976.
– Sinnstiftung in einer hypothetischen Zivilisation. In: Neue Zürcher Zeitung, Fernausgabe Nr. 289 vom 10. 12. 1976.
WEISSMAHR, Bela; KNOCH, Otto, Natürliche Phänomene und Wunder. In: Christlicher Glaube in moderner Gesellschaft, Bd. 4, Freiburg/Basel/Wien 1982, S. 121–148.
WERBICK, Jürgen, System und Subjekt. In: Christlicher Glaube in moderner Gesellschaft, Bd. 24, Freiburg/Basel/Wien 1981, S. 101–103.

Marian Heitger

Glaube, Hoffnung und Liebe als pädagogische Kategorien

Die Formulierung des Themas ist ungewöhnlich; sie wird Befremden auslösen und Widerspruch hervorrufen. Unschwer wird der mit der philosophischen Tradition vertraute Hörer bzw. Leser in den Begriffen Glaube, Hoffnung und Liebe die vor allem im christlichen Denken entwickelte Lehre von den drei übernatürlichen Tugenden wiedererkennen. Wenn sie hier als pädagogische Kategorien geltend gemacht werden sollen, muß man befürchten, daß Pädagogik in jenen vorwissenschaftlichen Zustand zurückfällt, wo diese wieder unter die Bevormundung durch Theologie gerät. Deshalb wird jene Formulierung dem aufgeklärten Erzieher und Lehrer, noch mehr aber dem Erziehungswissenschaftler oder, metaphorisch, der Erziehungswissenschaft, einer der rationalen Argumentation verpflichteten Disziplin, als Provokation erscheinen. Man wird befürchten, daß pädagogisches Handeln mehr durch fromme Gefühle geleitet wird, als sich an einer wissenschaftlich begründeten Theorie zu orientieren.

Man wird befürchten, daß pädagogische Wissenschaft in den Zustand einer Sammlung wohlgemeinter Ratschläge und Appelle aus religiösem Bewußtsein zurückfällt, daß Wissenschaft und Forschung durch religiöses Bekenntnis ersetzt werden und, was als böse Folgen angesehen werden müßte, daß der junge Mensch den Ansprüchen eines religiösen Bekenntnisses unterworfen wird, und damit der Anspruch der Aufklärung und das Recht auf Selbstbestimmung widerrufen wäre.

Diese Befürchtung wird verstärkt durch den Gebrauch des Wortes Tugend. Von ihr zu sprechen scheint unzeitgemäß, weil der Mensch sich aus den in ihr zur Aussage gebrachten Ansprüchen einer überkommenen Moral befreit habe, weil er seine Lebenswirklichkeit nicht mehr hinter verlogenen Konventionen verstecken wolle, weil er das Recht auf Selbstverwirklichung in Anspruch nehmen und nicht in subalterner Unterwerfung auf seine vitalen Möglichkeiten verzichten möchte.

Josef PIEPER berichtet in einem seiner Traktate von einer Ansprache, die Paul VALERY vor einigen Jahren vor der französischen Akademie gehalten hat (PIEPER 1955, A). In ihr heißt es: „Tugend, meine Herren, das Wort Tugend ist tot, oder mindestens stirbt es aus... Den Geistern von heute bietet es sich nicht mehr als unmittelbarer Ausdruck einer vorgestellten Wirklichkeit unserer Gegenwart dar... Ich selbst muß gestehen: ich habe es nie gehört, oder vielmehr – was viel schwerer wiegt – ich habe es immer nur mit dem Vorzeichen der Seltenheit und in ironischem Sinne erwähnen hören in den Gesprächen, die man in der Gesellschaft führt... Ich (setze) hinzu, daß ich mich auch nicht erinnere, es in den meistgelesenen oder sogar hochgeschätzten Büchern unserer Tage angetroffen zu haben. Endlich ist mir auch keine Zeitung bekannt, die es druckt, noch, fürchte ich, es außer in komischer Absicht zu drucken wagte." Schließlich ist es so weit gekommen, daß das Wort Tugend und tugendhaft „nur noch im Katechismus, in der Posse, in der Akademie und in der Operette anzutreffen ist". Die Rede von Tugend, von übernatürlichen Tugenden insbesondere wird als unzeitgemäß, als Ausdruck einer reaktionären Gesinnung empfunden.

Dennoch soll in dem vorliegenden Referat nichts Geringeres versucht werden, als die Tugenden von Glaube, Hoffnung und Liebe in ihrer Notwendigkeit für pädagogisches Handeln nachzuweisen, im Anspruch von Wissenschaft und stringenter Argumentation ihre übernatürliche Fundierung gleichzeitig weder als sinnlos noch als vernunftwidrig erscheinen zu lassen. M.a.W.: die Ausführungen sind getragen von der Absicht, aus einer philosophischen Analyse des pädagogischen Handelns die Begründung für die Notwendigkeit jener Tugenden als Momente der Lehrerhaltung nachzuweisen.

Für diesen Versuch, Glaube, Hoffnung und Liebe als Kategorien pädagogischen Handelns zu bestimmen, muß die Voraussetzung gelten und in ihren Konsequenzen festgehalten werden, daß man es in allem pädagogischen Umgang mit einer personalen Beziehung zu tun hat. Das mag zunächst als selbstverständlich und banal angesehen werden. Die anspruchsvolle Bedeutung dieser Voraussetzung wird jedoch in der daraus folgenden Forderung bewußt, daß pädagogische Führung im anderen eine Person, ein Subjekt zu sehen hat, in dem es ebenso die Menschheit zu achten gilt, wie ich als Subjekt in mir selbst die Menschheit zu heiligen habe. Diese Voraussetzung ist keine willkürliche Annahme. Sie gilt für alle Pädagogik und ist für unser Thema in zweifacher Weise grundlegend: von Glaube, Hoffnung und Liebe kann überhaupt nur im Zusammenhang mit personalem Sein gesprochen werden; und andererseits nur dann, wenn Pädagogik in konstitutionellem Zusammenhang von Selbstbestimmung und Verantwortung, von Freiheit und Bewußtsein zu sehen ist. Erst in dieser apriorischen Bestimmung wird sich das sinngebende Bedingungsgefüge darstellen lassen. Ohne jene Voraussetzung schwindet der Unterschied von Unterricht und Indoktrination, von Erziehung und Dressur, von Bildung und Manipulation, von entfaltetem Menschentum einerseits und einer auf reiner Selbsterhaltung beschränkten biologischen Existenzsicherung bzw. Funktionsertüchtigung andererseits.

Einer Pädagogik, die den Menschen als Person ernst nimmt, verbieten sich alle Formen des Verfügens über den Lernenden bzw. Edukanden. Beistand und Rat, Mahnung und Aufforderung, Trost und Ermutigung, Aufklärung und Belehrung müssen sich dieser ihrer Bedingung bewußt bleiben, wenn sie nicht ihre pädagogische Absicht unterlaufen und widerrufen wollen.

Diese ist auf die Entfaltung des Menschentums im Menschen gerichtet, auf Selbstbestimmung und Mündigkeit, auf den gesollten Vollzug zu verantwortenden Selbstseins. Deshalb verbieten sich alle Anleihen bei einem Handeln, das herrschen und verfügen will, das den Anspruch von Freiheit und Bewußtsein zu umgehen sucht, um den Zu-Erziehenden fremden, d.h. nicht seinem Personsein zugehörigen Zwecken zu unterwerfen. Deshalb verbieten sich für die Struktur pädagogischen Handelns alle Analogien zum technologischen Handlungsmodell. In diesem herrscht

Zweckrationalität in der Weise, daß mit den Wirkmöglichkeiten zumindest quasi kausaler Gesetzmäßigkeit vorgedachte Zwecke und Programme durchgesetzt werden sollen. Technologisch orientiertes Handeln muß den, mit dem es absichtsvoll umgeht, wie einen ‚Gegenstand', wie ein den wirkenden Gesetzmäßigkeiten unterworfenes Objekt behandeln.

Für Selbstbestimmung bleibt kein Platz, wenn mittels kausaler Gesetzmäßigkeiten der Prozeß gesteuert werden soll, um das gewünschte Ergebnis herzustellen. Gestützt auf das Wissen um das Wirken jener Gesetze lebt das technologische Handlungsmodell von der Vorstellung der direkten Machbarkeit des Erfolges. Es soll nicht verschwiegen werden, daß in der modernen Erziehungswissenschaft die Tendenz, das pädagogische Handeln dem technologischen Modell anzugleichen, aus vielerlei Gründen vorherrschend ist; teils aus Gründen eines am Methodenverständnis der Naturwissenschaften orientierten Wissenschaftsverständnisses, teils in der gesellschaftlich gestützten Erwartung besonderer Effektivität.[1]

Die Frage nach der Möglichkeit pädagogischer Führung unter dem verbindlichen Regulativ der Selbstbestimmung scheint jedoch auf ein allgemeines pädagogisches Dilemma zu verweisen. Denn einerseits gehört es zur Pädagogik, zum Ethos und Engagement pädagogischen Handelns, daß etwas erreicht werden soll. Andererseits scheinen dieser Absicht die Hände gebunden, weil es Freiheit und Bewußtsein zu achten gilt, weil alles auszuschließen ist, was als Fremdbestimmung zu verstehen wäre. Das Interesse am anderen muß also wachgehalten und gleichzeitig gezähmt werden; allem pädagogischen Handeln sind einerseits Intentionen immanent, andererseits darf diese Absicht nicht zur Hypertrophie des Machens entarten, darf man sich nicht einfach vom zukünftigen (und wohl auch vom gegenwärtigen) Zustand der den Pädagogen anvertrauten jungen Menschen ein Bild machen, das es dann mit sozialtechnischen Mitteln herzustellen gelte.

Pädagogisches Ethos, sofern es nicht in der Ohnmacht des Wollens, in der Unverbindlichkeit und damit im Widerspruch zu sich selbst geraten und sich selbst aufheben will, muß nach einer Möglichkeit suchen, die dieses Dilemma aufhebt, muß nach der Möglichkeit eines Handelns fragen, das einerseits seine Absicht nicht aufgibt, sein Engagement am anderen nicht verliert, das andererseits nicht zum Verfügen und zur Fremdbestimmung entartet. Gefragt ist nach einem Handeln, das auf Selbständigkeit, Mündigkeit und Autonomie des anderen gerichtet ist, das also Freiheit und selbständige Verantwortung nicht nur duldet, sondern deren Entfaltung und Stärkung ausdrücklich zum Ziel hat. Gefragt ist nach einem Handeln, dessen Ethos und Engagement ausdrücklich auf die Verwirklichung personalen Seins des anderen Du gerichtet sind, in dem die Absicht des pädagogischen Handelns mit der Absicht der Freiheit des Edukanten koinzidiert. Die sich ergebenden Konsequenzen für pädagogisches Handeln sind in ihrem regulativen Anspruch einzuhalten. Weder vollzieht sich Pädagogik im verfügenden Handeln noch in der Verneinung jeglicher Absicht; vielmehr wendet sich der pädagogische Akt an das

---

[1] Vgl. hierzu vor allem: Wolfgang BREZINKA, Grundbegriffe der Erziehungswissenschaft, München/Basel 1974.

Prinzip von Freiheit und Selbstbestimmung, an jene ‚Instanz', die Freiheit und Bewußtsein, Selbstbestimmung und Verantwortung ermöglicht, die der Freiheit Sinn, Richtung und Orientierung gibt. Ein solches Handeln, das Einfluß nehmen will, ohne fremdbestimmend zu werden, am anderen engagiert ist, ohne ihn in eine vorgezeichnete Bahn zu drängen, das absichtsvoll und richtungsbestimmt sein will, ohne den anderen auf ein Bild festzulegen, ein solches Handeln kann sich nur im Prinzip des Dialogischen konstituieren.[2] Unter seinem Anspruch sind die Menschen miteinander verbunden, ohne einander zu manipulieren; unter jenem Prinzip ist die Frage an Kain, wo ist dein Bruder Abel, fundamental verpflichtend, ohne daß sie dazu verführt, sich zum Vormund über ihn zu erheben. Im Dialog sind die Menschen einander verbunden, ohne voneinander abhängig zu sein. Im Dialog herrscht Toleranz, ohne daß man einander gleichgültig ist, ohne daß die in ihm zur Geltung gebrachten Äußerungen der Indifferenz verfallen. Im Dialog sind die Menschen Partner, ohne ihre Verschiedenheit aufzugeben, sie können miteinander reden und argumentieren, ohne die gleiche Meinung zu haben, sie können einander verstehen, aneinander Anteil nehmen, ohne ihre Einmaligkeit aufzugeben.

Das Fundament für diese Beziehung der aktiven Toleranz, der gegenseitigen Achtung ohne Gleichgültigkeit, der Gleichheit in der Ungleichheit, des Verstehens ohne Verlust der Einmaligkeit, der Hinordnung auf den anderen ohne Verzicht auf Eigenständigkeit, – die Bedingung der Möglichkeit für diese scheinbar einander widersprechenden Intentionen ist nur in der alles Dialogische gründenden und begründenden Bindung an Wahrheit zu sehen. Ohne diese Voraussetzung wird jede dialogische Beziehung zur Illusion, wenn sie sich auf gegenseitiges Argumentieren, Begründen und Verstehen einlassen will. Wer argumentiert und begründet, der muß sich an die Argumentationsfähigkeit des anderen, an jene die Würde des Subjekts auszeichnende Instanz wenden, die PLATON als die Logoshaftigkeit des Menschen, die KANT als Richterstuhl der Wahrheit in jedem Menschen vorauszusetzen sich gezwungen sieht.

Wenn man, wie es unser Thema formuliert, Glaube, Hoffnung und Liebe als pädagogische Kategorien zu bestimmen versucht, dann müssen diese sich als Momente der Erzieher- bzw. Lehrerhaltung in jenem das Pädagogische konstituierenden Prinzip des Dialogs nachweisen lassen.

Pädagogische Führung des Unterrichts unter dem Prinzip des Dialogischen muß sich im Anspruch von Selbstbestimmung als Hilfe zum Erwerb von Wissen begreifen. Der Respekt vor dem Subjektsein des Lernenden, gleichzeitig die Beachtung der Natur des Wissens, nötigen in allem Unterrichten, den anderen zu eigenem Wissen durch je eigene Erkenntnis gelangen zu lassen. Denn vom Wissen, das seinem eigenen Anspruch treu bleiben will, kann man überhaupt nur sprechen, wenn der das Wissen Habende und Behauptende für den mit seinem Wissen notwendig verbundenen Geltungsanspruch selbst einsteht, d.h. wenn er vor dem Richterstuhl seiner Vernunft den Akt des Fürwahr-Haltens selbst vollzogen hat.

---

[2] Vgl. Marian HEITGER, Beiträge zu einer Pädagogik des Dialogs, Wien 1983.

Wer Geltung für sein Wissen beansprucht, kann diesen Anspruch nicht auf den anderen abschieben; er kann für die von ihm behauptete Geltung nicht andere haftbar machen, es sei denn, er behauptet gar nicht dieses als sein Wissen, sondern er sei nur der Sprecher eines von anderen erhobenen Geltungsanspruchs. Aber auch diesem gegenüber muß er jenem Anspruch genügen, das heißt, er muß sich dem Geltungsanspruch anderen Wissens gegenüber anerkennend oder ablehnend verhalten oder mit guten Gründen, das eigene Unwissen bekennend, für jetzt zunächst unentschieden bleiben.

Um Mißverständnissen vorzubeugen, sei hier angemerkt, daß das Prüfen von Geltungsansprüchen nicht als voreilige Rechthaberei gemeint ist, als kaltherzige Analyse aus bloßer Lust an Kritik, daß aber, und auch das muß festgehalten werden, pädagogisch gemeintes Lehren sich unter dem dialogischen Prinzip, d.h. in gegenseitiger Argumentation zu bestimmen hat.

Das ist kein Ideal für besonders ausgezeichnete und geglückte Unterrichtsstunden, für Feiertagsstimmung und schöne Ausblicke, sondern ein verbindlicher Anspruch für jeden Akt pädagogischer Führung in Unterricht und Erziehung.

Wenn Unterricht das ‚Selberdenken‘ des Schülers wollen muß, weil jeder Mensch sein Wissen nur im Akt des eigenen Einsehens haben kann, dann schuldet der Lehrer dem Schüler, jedem Lernenden die Begründung und Argumentation der von ihm im Lehrgut und in der zu vermittelnden Tradition zum Ausdruck gebrachten Geltung. Er kann sich aus Achtung vor dem Personsein des Schülers nicht mit der bequemen Berufung auf Autorität zufrieden geben oder gar dem anderen die Verpflichtung auferlegen, sich dieses oder jenes merken zu müssen.

Das gleiche gilt für den Bereich der Erziehung. Wenn es ihr um das Tun des Guten geht, wenn sie helfen will, daß der junge Mensch lernt, in seiner Haltung dessen Verbindlichkeit zum Prinzip zu machen, dann ist sie an Einsicht in das Gesollte für eine Handlungsmaxime als Motiv gebunden. Dann hat auch sie dem Prinzip des Dialogischen in Begründung und Beispiel zu folgen.

Dieser Anspruch auf Begründung in Wort und Tat gilt prinzipiell, in jeder pädagogischen Führung, in jedem pädagogischen Akt, er gilt gegenüber jedermann, sofern die Beziehung das Attribut des Pädagogischen beansprucht. Die Folge dessen aber ist, daß jedes pädagogische Handeln apriorische Wahrheitsbindung des Menschen zur Voraussetzung hat.

Dieses darf nicht in Frage gestellt, nicht bestritten werden, wenn das Infragestellen nicht aufgegeben, sie muß anerkannt werden, wenn die Möglichkeit pädagogischer Führung nicht aufgehoben werden soll.

Die Gewißheit dieser Bindung stiftet das Prinzip der Bildsamkeit für jeden Menschen und ist identisch mit dem Glauben an die ‚Logoshaftigkeit‘ aller Menschen.[3] Wenn angesichts jener Gewißheit das Motiv des

---

[3] „Darum wird die Wahrheit, die rein aus dem Innersten unseres Wesens geschöpft ist, allgemeine Menschenwahrheit seyn, sie wird Vereinigungswahrheit zwischen den streitenden, die bei Tausenden ob ihrer Hülle sich zanken werden."
PESTALOZZI, Sämtliche Werke, Berlin-Zürich 1927ff., Bd. 1, S. 269.

Glaubens angeführt werden muß, dann ist damit zunächst folgendes gemeint: Die Anerkennung der leitenden Beziehung auf Wahrheit für den Menschen muß unwiderruflich gelten; als Prinzip steht sie nicht zur Disposition wissenschaftlicher Kritik, wenn sich Pädagogik und die Wissenschaft von ihr nicht selbst aufheben wollen.

Gemeint ist in jener Voraussetzung aber auch der Glaube an die eine Wahrheit, die ihren unaufhebbaren Anspruch, ihre unveränderliche, kontinuierliche Identität nicht verliert. In der Partizipation aller Menschen an dem einen bleibenden, unaufhebbaren Anspruch ist die Bedingung der Möglichkeit grundgelegt, daß Lehren und Unterrichten nicht in Zwang und Indoktrination, in Überredung und Manipulation verfallen, sondern in gegenseitiger Argumentation als Hilfe zur je eigenen Überzeugung verstanden werden müssen. Wenn Pädagogik diesem Prinzip zu folgen hat, dann ist dieser Glaube eine notwendige Bestimmung von Lehrerhaltung. Wer diesen Glauben an die dem Menschen gewährte Teilhabe an Wahrheit nicht hat, wer die Argumentabilitas als Ausdruck dieser Bindung leugnet, dem muß aller pädagogisch gemeinte Unterricht als törichtes Unterfangen erscheinen; so wie der hl. AUGUSTINUS es töricht nennt, die Kinder nur deshalb in die Schule zu schicken, um zu lernen, die Worte der Lehrer zu wiederholen; es wäre alles Lehren vergebens, wenn man nicht an die durch den ‚Logos' gestiftete Dialogfähigkeit des Menschen als seine Argumentabilitas glauben würde, wenn man nicht wie AUGUSTINUS hoffen dürfte, daß aus Anlaß des dialogischen Umgangs in den Lernenden das Licht der Wahrheit aufleuchte.

Dieser Glaube an die unverbrüchliche Partizipation des Menschen an der einen Wahrheit ist das Fundament für jenes grundsätzliche Vertrauen, das man einander schenken muß, wenn man überhaupt dialogisch miteinander umgeht. Gemeint ist jenes fundamentale Vertrauen, daß es auch gegenüber Enttäuschungen und Rückschlägen durchzuhalten gilt, selbst da, wo man sich kaum noch vorstellen kann, im argumentativen Umgang etwas auszurichten.

Das hier geforderte Vertrauen ist nicht schwärmerische Stimmung, die von der Wirklichkeit keine Notiz nimmt, ihren Anruf mißachtet, dadurch entweder leichtsinnig oder unverbindlich wird. Der im Gedanken der Bildsamkeit eines jeden Menschen zum Ausdruck kommende Glaube an den Logos und die Logoshaftigkeit des Menschen darf nicht dazu verführen, die Nöte und Gefahren, die konkreten, eingeschränkten Möglichkeiten des Hier und Jetzt zu übersehen.

Pädagogisches Handeln muß den Menschen in seiner konkreten Situation, in seiner Individuallage ernst nehmen. Individuallage ist aber nicht eine statistische Gegebenheit, die es in soziologischen Erhebungen festzustellen gilt. Individuallage ist Ausdruck der je erreichten Wertigkeit des personalen Seins in seiner Logosbindung und darin Ausdruck einer grundsätzlichen Aufgabenhaftigkeit. Wegen der unaufhebbaren Bindung an die eine Wahrheit bleibt Individuallage aufgabenhaft, wenn anders der Gedanke der Geschichtlichkeit nicht seinen Sinn verlieren soll. Vertrauen in diese bleibende Bildsamkeit bedeutet Möglichkeit und Anspruch für Lehrerhaltung. Dieser Anspruch gilt gleichermaßen für das Unterrichten und für die Erziehung. Wo nicht, wie KANT formuliert, die Bonität des Herzens vorausgesetzt wird, wo nicht von der Gewißheit des Gewissens die Rede ist, von der Stimme Gottes im Menschen, die es nach ROUSSEAU dreimal heilig zu halten gilt, da hat Erziehung ihr Fundament verloren, da ist Erziehung als dialogische Führung nicht möglich, da entartet sie zur Verhaltenssteuerung unter Mißachtung des Anspruchs von Freiheit und Selbstbestimmung. Wer nicht an die Partizipation des Menschen am „höchsten Gut" glaubt, dem verschließt sich die Möglichkeit personaler Führung in der Erziehung.

Auch hier ist dieser Glaube verpflichtender Anspruch an die Erzieherhaltung. Ihn gilt es durchzuhalten, trotz aller Rückschläge und Enttäuschungen, trotz der Erfahrung von Bosheit, Verschlagenheit, Egoismus und Borniertheit. Auch hier gilt, daß die je erreichte Individuallage kein Endzustand ist, sondern selber wieder zur Aufgabe wird.

Das eröffnet den Blick auf die Tugend der Hoffnung als einer notwendigen pädagogischen Kategorie. Auf Grund des Glaubens an die unverbrüchlich gewährte Teilhabe an Wahrheit und Gutheit in der grundsätzlichen Logosbindung steht der Lehrer und Erzieher der Individuallage seiner Schüler mit der Haltung der Hoffnung gegenüber. Das besagt ein Mehrfaches, das in Konsequenz des Ansatzes zu entfalten ist.

Pädagogisches Handeln darf nicht am technischen Modell ausgerichtet sein, weil es mit Subjekten und nicht mit Objekten zu tun hat. Deshalb verbieten sich Vorstellung und Absicht von der Herstellbarkeit bzw. Machbarkeit des pädagogischen Erfolges; er läßt sich nicht programmieren und nicht berechnen. Das ist nicht Mangel an Rationalität und Wissenschaftlichkeit der Pädagogik; das ist vielmehr Ausdruck und Folge dessen, daß wir es in Unterricht und Erziehung nicht mit verfügbaren Objekten zu tun haben, sondern mit Subjekten, die für ihr Wissen und ihr Handeln selbst einzustehen haben. Wissen und Haltung sind von jedem Subjekt selbst zu vollziehen.

Dennoch kann der Lehrer dem möglichen Erfolg seines Unterrichtens und Erziehens nicht uninteressiert und teilnahmslos gegenüberstehen. Pädagogische Absicht ist auf die Ermöglichung von Wissen und Haltung gerichtet; sie ist getragen von der Hoffnung, daß der Schüler selbst erkennt und das Erkannte verbindlich macht. An die Stelle des berechenbaren Erfolges zu einem geplanten Zeitpunkt tritt die Hoffnung auf Erfolg. Sie ist nicht Ersatz für mangelnden Glauben an Erfolg, Verschleierung von Resignation, Gleichgültigkeit angesichts der Unmöglichkeit, den anderen nach dem eigenen Programm zu formen, sie ist vielmehr eine dem Schüler geschuldete Haltung, Einstellung und Gesinnung. Diese Hoffnung trägt den Pädagogen, wenn Erfolg nicht sichtbar wird; sie verbietet jene Resignation, die Ausdruck endgültigen Scheiterns und Unvermögens wäre; die dem Menschen den Charakter des Subjektseins nähme, ihm keine Lebensgeschichte mehr zuerkennen würde.

Das Prinzip der Hoffnung ist konstituierend für den pädagogischen Dialog. Wenn man nicht das Recht, ja die Pflicht hätte, zu hoffen, daß der andere zur Einsicht komme, wäre es völlig unsinnig, an dessen Argumentabilitas zu appellieren, sich mit dessen Argumenten auseinanderzusetzen, auf Widerspruch hinzuweisen, an frühere Zusammenhänge zu erinnern. Erziehung in Rat und Beispiel, in Ermahnung und Ermutigung wäre sinnlos, wenn man nicht auf Gewissenseinsicht und erfahrbare Verbindlichkeit hoffen dürfte. Diese Hoffnung ist aufrecht zu halten, so lange der Mensch lebt, so lange er in statu viatoris ist, so lange seine Lebensgeschichte nicht vollendet ist.

Grund für diese Hoffnung im Sinne des Grundsätzlichen ist der Glaube an das unverbrüchliche Anwesen der Wahrheit, ist der Glaube an die Unverlierbarkeit des Richterstuhls der Wahrheit im Menschen, an die bei aller Bosheit und Verwirrtheit bleibende Stimme des Gewissens, die auch dann spricht, wenn der Mensch sich taub stellt, gewissenlos scheint, weil er sich um den Gewissensspruch nicht kümmert.[4] Die bleibende Anwesenheit des Richterstuhles der Wahrheit und Gutheit im Menschen ist der Grund dafür, daß der Mensch sich bekehren, daß er umkehren kann, daß die Hoffnung mit dem ‚verlorenen Sohn' nicht aufgegeben werden darf. Das ist kein stimmungsvolles Gefühl, sondern Verpflichtung, weil die Hoffnung des Lehrers und Erziehers beispielhafter Anlaß dafür ist, daß der junge Mensch die Hoffnung mit sich selbst nicht aufgibt. Hoffnung ist ein Prinzip des mitmenschlichen Umgangs der Pädagogik. In ihr dokumentiert sich jene Haltung des Pädagogen, die schon PLATON's Sokrates in der Forderung der Askese ausgesprochen hat mit dem bewußten Verzicht auf das Wirken bzw. das Bewirkenwollen. Sie ist gleichzeitig Ausdruck der Haltung, die nicht resigniert, die den anderen nicht aufgibt, die ihm im Suchen nach dem Wahren verbunden bleibt.

Glaube und Hoffnung finden ihre Erfüllung in der Tugend der Liebe. Dialogische Haltung ist Ausdruck des Respektes vor dem Du, seinem Subjektsein, vor seiner unverlierbaren Würde, die sich in seiner Wahrheitsbindung begründet und dokumentiert. Sie ist damit Ausdruck jener Liebe, in der ich mit dem anderen in der Wahrheitsbindung verbunden bin, in dieser Wahrheitsbindung verbunden bleibe. Liebe als pädagogische Tugend ist gleichzeitig Ausdruck jener Haltung, die den anderen auch in seinem Menschsein als Anderssein grundsätzlich anerkennt. In dieser Liebe sind Rat und Mahnung, Hinweis auf Fehler, Mängel, Widersprüche und Ungereimtheiten Ausdruck der dialogischen Verbundenheit, Ausdruck eben jener Gemeinsamkeit, die den anderen nicht nur in seinem konkreten Sein annimmt und ernstnimmt, sondern darin gleichzeitig an dessen bessere Möglichkeiten glaubt.

Lehren und Unterrichten, Erziehen und Mahnen, sind Ausdruck jener Liebe, die sich auch dann bewährt, wenn Pädagogik fordernd, mahnend wird; denn sie ist Folge jener Logosbezogenheit, in der die Menschen einander zu helfen haben, die Partizipation an der vorausgesetzten Wahrheit zu vollziehen.

Pädagogische Liebe äußert sich in allem Unterrichten und Lehren, denn sie wird zur Verpflichtung, die je erreichte Wahrheit des eigenen Erkennens und Wissens nicht ängstlich und egoistisch vor dem anderen zu

---

[4] So interpretiert KANT die häufig gebrauchte Wendung vom gewissenlosen Menschen. KANT, Vom Leitfaden des Gewissens in Glaubenssachen, 4. Stk. § 4.

verbergen; sie ist vielmehr Verpflichtung, auch den anderen entsprechend seinen Möglichkeiten an der erreichten Wertigkeit des Wahrheitsvollzuges teilnehmen zu lassen.

Das setzt allerdings voraus, daß das Wissen nicht allein unter dem Gesichtspunkt seiner Verwertbarkeit gesehen wird, sondern sich als Teilhabe an der einen letzten Wahrheit definiert. Darum ist die Verpflichtung, den anderen an dieser Wahrheit teilnehmen zu lassen, nicht ein Erfordernis von Arbeitsteilung, technischem Fortschritt und pragmatischem Denken, sondern Ausdruck jenes mitmenschlichen Engagements, das in der Partizipation am Logos dem Menschen hilft, sein Menschsein zu verwirklichen.

Diese Liebe bestätigt sich im Dialog: das Argumentieren ist nicht rechthaberisch, nicht eitel, nicht verletzend und bevormundend, sondern ermöglicht Einsicht, als Teilhabe, und dadurch Verwirklichung des Menschentums. Sie weiß sich auch in der Auseinandersetzung mit dem anderen in der Hinordnung auf das Wahre und Gute verbunden: In ihr wird der andere auch als Anderer, d.h. mit seinen Argumenten und Motiven angenommen, weil er sich in der Frage nach ihnen als Suchender und Ringender erweist und mir gerade darin verbunden ist.

Liebe, die nicht nur ein Gefühl der Sympathie ist, sieht jeden in dieser Gemeinsamkeit. Niemand kann und darf daraus entlassen werden. Diese Liebe bleibt Forderung auch gegenüber dem Aggressiven und Aufmüpfigen, gegenüber dem Arroganten und Verkrampften, dem Starken und dem Schwachen; gegenüber dem Versager; sie bleibt Forderung auch angesichts der scheinbaren Erfolglosigkeit, sie bleibt Forderung, wenn der junge Mensch sich von Eltern, Erziehern und Lehrern lossagt, um seinen eigenen Weg zu gehen. Ohne diese Liebe verliert Erziehung ihr Ethos, wird zum Versuch von Herrschaft und Bevormundung, wird Ausdruck des eigenen Egoismus, dem es nicht mehr um das ‚Selbst-Sein' des anderen geht, sondern um die Demonstration der eigenen Überlegenheit, um die Durchsetzung der eigenen Wunschvorstellungen nach einem Programm, das ich für den anderen in der Hybris des – wenn auch häufig kaum bewußten – Machtwillens entworfen habe.

Die hier entwickelte Theorie der Pädagogik und Lehrerhaltung mit den Tugenden Glaube, Hoffnung und Liebe ist in moderner Erziehungswissenschaft ungewöhnlich. Sie wird auf Bedenken und Einwände stoßen. Wird hier nicht eine Theorie entwickelt, die in der Ohnmacht des Sollens ihre Bedeutungslosigkeit einbekennen muß, oder wird diese Theorie, um nicht ohnmächtig zu werden, nicht der Gefahr erliegen, in der Berufung auf jene Tugenden einen irrationalen guten Willen zum umfassenden Machtinstrument werden zu lassen? Oder: Wie ist in Unterricht und Erziehung die mißbräuchliche Berufung auf jene Tugenden zu verhindern? Wie ist zum Beispiel zu verhindern, daß der Glaube nicht zur hybriden Gewißheit des eigenen Wissens wird oder in radikaler Skepsis das Wissen überhaupt mißachtet; wie schützt sich die Pädagogik davor, daß die Tugend der Hoffnung nicht zum Alibi für eigene Bequemlichkeit wird oder doch zum Bewußtsein von der Machbarkeit entartet; wie schützt sich die Pädagogik davor, daß die Tugend der Liebe sich nicht gegen den kehrt, für den sie eigentlich das Beste zu wollen vorgibt; wie schützt sie sich davor, nicht in jene Befürsorgung zu verfallen, die dem anderen den eigenen Atem nimmt?

Noch radikaler werden die Bedenken mit dem Hinweis darauf, daß das Reden von Tugenden einen unerfüllbaren Anspruch stellt, so daß Theorie zum ideologischen Überbau wird, zur Verschleierung einer schlechten Wirklichkeit, die das Bewußtsein von der Notwendigkeit der Veränderung von Praxis verhindert. Mit anderen Worten, stellen die Forderungen von Glaube, Hoffnung und Liebe für pädagogisches Handeln nicht eine unzumutbare Anmaßung dar, die deshalb auch erfolglos bleiben muß?

Wenn angesichts dieser Bedenken an jene Tradition erinnert wird, die Glaube, Hoffnung und Liebe als übernatürliche Tugenden sieht, dann stellt sich die Frage, wie weit durch das Hinübertreten in den Bereich der Religion in der Berufung auf jenes Wissen, das sich für den Gläubigen aus der Offenbarung ergibt sich, ihm eine neue Dimension erschließt, wie weit dem pädagogischen Ethos ein im religiösen Glauben gesichertes Fundament angeboten ist; ein Fundament, das dem philosophisch geforderten Glauben eine von der Philosophie nicht zu bietende Bestimmtheit geben kann.

Josef PIEPER sagt von jenen Tugenden: „Glaube, Hoffnung und Liebe sind die Antwort auf die Wirklichkeit des dreieinigen Gottes, die dem Christen auf übernatürliche Weise sich enthüllt hat durch die Offenbarung Jesu Christi." In bezug auf die Tugendlehre fährt PIEPER fort: „Die drei theologischen Tugenden sind nicht nur die Antwort auf diese Wirklichkeit, sondern sie sind zugleich das Vermögen und die Kraftquelle dieser Antwort; sie sind nicht nur die Antwort selbst, sondern sie sind sozusagen auch der Mund, der allein diese Antwort zu sagen vermag" (PIEPER 1975, 57).

Tugend ist demnach nicht eine Einzelhandlung, auch nicht die Summe vollzogener Handlungen, sie ist vielmehr eine Seinsweise des Menschen, aus der die Akte in ihren Einzelvollzügen gesetzt werden, die den Einzelvollzügen ihren Stempel aufdrückt, die sich als Ausdruck einer Haltung konstituiert und auf diese zurückwirkt. Tugend ist Ausdruck von hochwertig vollzogener Lebensgeschichte und gleichzeitig habitueller Hintergrund für den vereinzelten Vollzug. Sie ist die zur zweiten Natur gewordene Geneigtheit, das jeweils Gute zu tun. Wenn man vor diesem Hintergrund nach der Tugend des Glaubens in ihrer übernatürlichen Fundierung fragt, so wird man an jene philosophische Aussage anknüpfen, daß alles Wissen und alles Vermitteln von Wissen auf eine vorauszusetzende Wahrheit verweist.[5]

Diese ist gegenständlichem Erkennen nicht zugänglich, sie ist anzuerkennen. Man kann sie nicht beweisen, ihre Gewißheit kann nur im

---

[5] Vgl. KANT: Kritik der reinen Vernunft. A 7: „Die menschliche Vernunft hat das besondere Schicksal in einer Gattung ihrer Erkenntnisse: daß sie durch Fragen belästigt wird, die sie nicht abweisen kann, denn sie sind ihr durch die Natur der Vernunft selbst aufgegeben, die sie aber nicht beantworten kann, denn sie übersteigen alle Vermögen der menschlichen Vernunft."

Glauben, d.h. im Akt der Hingabe erfahren werden. Sie bedarf der Offenbarung, und als Offenbarung dieser Wahrheit selbst ist ihr jede Ungewißheit genommen.

Mit der Offenbarung als der Präsenz der Wahrheit kann sich der Mensch nicht auseinandersetzen; sie ist frei von Stückwerkhaftigkeit; sie ist kein vereinzelter Geltungsanspruch, sondern Geltung selbst. Im hingebenden Glauben an sie schwindet alle Stückwerkhaftigkeit, ist das Erkennen und Wissen trotz seiner Begrenztheit und Fragwürdigkeit vor bloßer Resignation und dem Verfall an Skepsis und in deren Gefolge dem Verfall an Zynismus entrissen.[6]

Nach der Definition des Vatikanischen Konzils ist der Glaube Geschenk und Gnade, an der Wahrheit in ihrer Absolutheit und Zeitlosigkeit als Offenbarung Gottes, in ihrer unverbrüchlichen Treue und Gewißheit teilnehmen zu können. Dieser Glaube macht einerseits die Stückwerkhaftigkeit alles Wissens bewußt, zeigt andererseits ihr ‚Aufgehobensein' in der einen Wahrheit. Der Glaube bewahrt den Menschen in seinem Ringen um Erkenntnis einerseits vor der Hybris, sein zu wollen wie Gott, d.h. die Wahrheit zu erkennen, verfügend mit ihr umzugehen. Sie bezeugt nach dem hl. PAULUS die Schrift: „Ich lasse die Weisheit der Weisen vergehen und die Klugheit der Klugen verschwinden", denn Gott hat „die Weisheit der Welt als Torheit entlarvt" (1 Kor. 1,19—20). Anderseits bewahrt der Glaube vor totaler Skepsis und radikalem Nihilismus; nach dem Kolosserbrief (2,3 f) sind „in ihm alle Schätze der Weisheit und Erkenntnis verborgen".

Im Glauben läßt sich der Mensch über alle Unsicherheit, über alle Unruhe des Suchens auf die Gewißheit seines Heils ein, so wie PAULUS im Hohen Lied der Liebe schreibt (1 Kor. 13,9—10): „Denn Stückwerk ist unser Erkennen, Stückwerk unser prophetisches Reden; wenn aber das Vollendete kommt, vergeht alles Stückwerk." Dieser Glaube wird für den Lehrer das sichere Fundament für alles Lehren; die Vermittlung von Wissen ruht auf diesem Glauben; erschließt ihm neuen Sinn, der das Wissen nicht nur als Qualifizierung für vorgesehene Funktionen begreift, sondern als Teilhabe an jener Wahrheit; weil alle endliche Wahrheit Teilhabe an dieser sich im Glauben aus der Offenbarung schenkenden unendlichen Wahrheit ist.

An dieser Gewißheit findet das Unterrichten, auch Mühe und Plage, eine Überhöhung, die ihm einen unverbrüchlichen Sinn gibt.[7]

In diesem Verständnis von Lehren und Lernen definiert sich das Argumentieren als Dienst an der Wahrheit selbst: Die Beachtung ihrer

---

[6] „Glaube an Gott, du bist der Menschheit in ihrem Wesen eingegraben, wie der Sinn vom Guten und Bösen, wie das unauslöschliche Gefühl von Recht und Unrecht, so unwandelbar fest liegst du als Grundlage der Menschenbildung im Inneren unserer Natur."
PESTALOZZI, Sämtliche Werke, a.a.O. Bd. I, S. 273.

[7] „Alle Weisen gaben uns Licht und Wahrheit, aber Jesus allein zeigte der Menschheit den Vatter und, im Kinderglauben an diesen Vatter, Erziehung, Bildung und Vervollkommnung ihres Wesens."
PESTALOZZI, Sämtliche Briefe, Zürich 194, Bd. III: S. 89, zit. nach Johannes SCHURR, PESTALOZZIs Abendstunde, Passau 1984, S. 50.

Gesetze, die Überwindung von Vorurteilen, das Bemühen um den Abbau von Egoismus und Borniertheit, Redlichkeit und Lauterkeit im Denken und Argumentieren sind Ausdruck der Ehrfurcht vor der einen Wahrheit, deren Gewißheit im Glauben gegenwärtig ist.

Sofern die Gewißheit der Offenbarung gleichzeitig die Gewißheit des Heilswerkes offenbar macht, ist in und mit der Tugend des Glaubens die der Hoffnung verbunden. Die Tugend der Hoffnung gründet in der Gewißheit des göttlichen Heilswillens. In dem schon mehrfach genannten Korintherbrief schreibt PAULUS (2,7.ff): „Vielmehr verkünden wir das Geheimnis der verborgenen Weisheit Gottes, die Gott vor allen Zeiten vorausbestimmt hat zu unserer Verherrlichung. Wir verkünden, wie es in der Schrift heißt, was kein Auge gesehen und kein Ohr gehört hat, was keinem Menschen in den Sinn gekommen ist. Das Große, das Gott denen bereitet hat, die ihn lieben."

Der göttliche Heilswille begründet die Hoffnung, dieser unendlichen Wahrheit teilhaftig zu werden, d. h. zur ewigen Anschauung berufen zu sein. Im Römerbrief ist zu lesen (5,5): „Die Hoffnung läßt nicht zugrunde gehen, denn die Liebe Gottes ist ausgegossen in unsere Herzen durch den Heiligen Geist." Diese Hoffnung überdauert allen augenfälligen Mißerfolg, weil dieser der Gewißheit des göttlichen Heilswillens nichts anhaben kann. Diese Gewißheit kann dem Lehrer Gelassenheit geben, ohne die Sorge um Bildung zu verraten. Die Tugend der Hoffnung mildert die Hektik, sie weiß um das endgültige Aufgehobensein des Menschen in der liebenden Zuwendung Gottes. In der Hoffnung bekunden wir unsere Kreatürlichkeit, bekennen wir uns in statu viatoris, „denn", so sagt PAULUS (8,24), „wir sind gerettet, doch in der Hoffnung. Hoffnung aber, die man schon erfüllt sieht, ist keine Hoffnung. Wie kann man auf etwas hoffen, das man sieht? Hoffen wir aber auf das, was wir nicht sehen, dann harren wir aus in Geduld."

Diese Hoffnung gilt gegenüber jedem Menschen, sie gilt gegenüber seiner gesamten Lebensgeschichte, mögen einzelne Zeitstrecken noch so bedrückend und niederziehend sein. Diese Hoffnung gilt dem Begabten und Unbegabten, Behinderten und Gesunden, Trotzigen und Ergebenen, Verstockten und Aufgeschlossenen, denn sie ist getragen von der Gewißheit, daß jeder zum Heil berufen ist, zu einem Heil, das mehr ist als alles Können und Wissen, das mehr ist, als alle Ertüchtigung und weltliche Qualifikation. In diesem Glauben ist Hoffnung keine Zumutung; das Heil ist allen Menschen verheißen, der Erlösungswille ist allgemein, niemand – auch nicht der Boshafteste und Verstockteste – ist von jenem Heilswissen ausgeschlossen.

Deshalb kann der Gläubige in dieser Hoffnung wirklich leben, sie gegenüber allen Menschen auch in scheinbarer Hoffnungslosigkeit durchhalten. Dies bestätigt PAULUS im Hebräerbrief (6,18 ff): „So sollten wir durch zwei unwiderrufliche Taten, bei denen Gott unmöglich täuschen könnte, einen kräftigen Ansporn haben, wir, die wir unsere Zuflucht dazu genommen haben, die dargebotene Hoffnung zu ergreifen. In ihr haben wir einen festen und sicheren Anker der Seele, der hineinreicht in das Innere hinter dem Vorhang."

Die Tugend der Liebe schließlich, wie sie als Forderung für alle Pädagogik konstitutiv ist, erfährt eine über die philosophische Begründung hinausgehende übernatürliche Fundierung durch die in der Offenbarung Wirklichkeit gewordene Liebe Gottes zu den Menschen. Die aus dem Glauben kommende Liebe weiß um die Sohnschaft aller Menschen, weiß um die Liebe Gottes, wie sie im Erlösungswerk ihre unausschöpfliche Überhöhung gefunden hat. Im Galaterbrief formuliert PAULUS diesen Zusammenhang, nämlich „den Glauben zu haben, der in der Liebe wirksam ist" (5,7). Die Erlösung hat alle Menschen zu Brüdern gemacht auf eine Weise, die über jedes sog. kollektive Bewußtsein hinausgeht; sie hat eine Liebe gestiftet, die nicht ohne emotionale Zuwendung bleibt, aber vom unmittelbaren Empfinden der Sympathie oder Antipathie unabhängig ist, die auch bei Rückfragen, bei Aggression, bei Beleidigung, Verletzung und Mißachtung ihr Fundament nicht verliert. Denn im Johannesevangelium steht das Herrenwort: „Ich habe ihnen den Namen bekannt gemacht und werde ihn bekannt machen, damit die Liebe, mit der du mich geliebt hast, in ihnen ist und damit ich in ihnen bin" (Joh. 17,26). Die Tugend der Liebe hat ihr Fundament in der Liebe Gottes, deshalb vollendet sie sich, – wenn man so hoch greifen darf –, im Gebet füreinander; und alle dialogische Verbundenheit sollte darin ihre Erfüllung finden. Wir alle kennen das Hohelied der Liebe aus dem ersten Korintherbrief (13,1—13). Es bekundet die Inhalte des pädagogischen Ethos auf seine besondere Weise: „Die Liebe ist langmütig, die Liebe ist gütig. Sie ereifert sich nicht, sie prahlt nicht, sie bläht sich nicht auf. Sie handelt nicht ungehörig, sucht nicht ihren Vorteil, läßt sich nicht zum Zorn reizen, trägt das Böse nicht nach. Sie freut sich nicht über das Unrecht, sondern freut sich an der Wahrheit. Sie erträgt alles, glaubt alles, hofft alles, hält allem stand. Die Liebe hört niemals auf."

So wird die Tugend der Liebe zum Inbegriff pädagogischer Haltung; in ihr gewinnen Glaube und Hoffnung ihre letzte Erfüllung, sowie sie zum Grundgebot christlichen Lebensvollzuges wird.

PAULUS betont diesen Zusammenhang, wenn er schreibt (1,12 f): „Jetzt schauen wir in einen Spiegel und sehen nur rätselhafte Umrisse, dann aber schauen wir von Angesicht zu Angesicht. Jetzt erkenne ich unvollkommen, dann aber werde ich durch und durch erkennen, so wie ich auch durch und durch erkannt worden bin. Für jetzt bleiben Glaube, Hoffnung, Liebe, diese drei; doch am größten unter ihnen ist die Liebe."

Wenn von der Tugend der Liebe die Rede ist, dann kann ihre Fundierung im göttlichen Heilswillen einen Zusammenhang deutlich machen, der für den Gedanken der Bildung überhaupt, für das Ethos des Pädagogen insbesondere eine unverzichtbare Dimension eröffnet.

Nach dem Wort des Herrn erfüllen sich alle Gebote in der Gottesliebe und in gleicher Weise in der Nächstenliebe. Diese aber korrespondiert der Selbstliebe: „Liebe Deinen Nächsten wie Dich selbst." Die Bejahung und Annahme des Du steht mit der Bejahung und Annahme des eigenen Ich in einem korrelativen Verhältnis. Für die Pädagogik bestätigt sich dieser Sachverhalt in dem Zusammenhang von interpersonalem und intrapersonalem Dialog und Umgang. Wenn wir an den Vollzug des Lehrens und

Lernens denken, dann ist der interpersonale auf den intrapersonalen Dialog gerichtet, damit die argumentative Auseinandersetzung im Dialog zur intrapersonalen Überzeugung führt, zum Akt der Selbstbestimmung als Vollzug der Zustimmung zum Geltungsanspruch vor dem Richterstuhl der je eigenen Vernunft. Im pädagogischen Vermittlungsprozeß ist der interpersonale Dialog in hoffender Intention auf den intrapersonalen Vollzug gerichtet, findet in ihm seine Erfüllung.

Der intrapersonale Umgang, die Beziehung zu sich selbst ist aber auch maßgeblich für den interpersonalen Dialog. M.a.W.: die Beziehung zu sich selbst steht in direktem Zusammenhang mit der Beziehung zum Du; die Selbstliebe als Selbstachtung bedeutet kantisch gesprochen, die Menschheit in mir heilig zu halten, um die Menschheit im anderen heilig zu halten.[8] Gleichzeitig weiß der redlich mit sich selbst Umgehende, dessen intrapersonaler Dialog nicht im borniert, selbstgefälligen Vorurteil steckenbleibt, um die eigene Begrenztheit, um Schuld und Verstrickung, um die Verwirrungen des Herzens, um das Böse, um die Gefühle von Neid, Haß und Mißgunst.

Damit stellte sich die Frage, ob und wie der Mensch bei aller Schuldhaftigkeit zu sich selbst noch „ja" sagen kann, um auch zum Du „ja" sagen zu können; wie soll er sich im Wissen um Schwäche und Schuld selbst annehmen, um den anderen annehmen zu können? Dem Gläubigen eröffnet sich im Heilswillen Gottes, in der Erlösungstat Christi eine Möglichkeit, die gleichweit entfernt ist von Leichtsinn und von Verzweiflung. Der Glaube bedeutet Versöhnung mit Gott, ist Glaube an die Vergebung von Schuld.

In diesem Glauben kann sich der Mensch annehmen, in der Liebe Gottes kann er sich selbst lieben, um dann auch den anderen lieben und annehmen zu können. In der Gewißheit göttlicher Liebe, die trotz des Bewußtseins der eigenen Schuld dem Menschen geschenkt ist, bleibt die Tugend der Liebe trotz allen Versagens, trotz Schuld und Verstrickung Geschenk und Anspruch gleichzeitig. In der vom Erlösungswerk gestifteten Liebe sind und bleiben die Menschen trotz der Sünde verbunden.

Glaube, Hoffnung und Liebe sind inhaltliche Bestimmungen des pädagogischen Ethos, sofern pädagogische Führung dialogisch sein muß und die Logoshaftigkeit des Menschen als transzendentale Bindung, als Richterstuhl der theoretischen und praktischen Vernunft im Menschen anzuerkennen hat; als leitende Beziehung auf Wahrheit, als Bonität des Herzens im Gewissen stiftet sie die Möglichkeit von Unterricht und Erziehung.

Für den Gläubigen erfährt dieser philosophisch geforderte Glaube seine Fundierung, seinen Halt und seine Festigkeit in der Gewißheit angesichts der in der Offenbarung ihm zuteil gewordenen Wahrheit und göttlichen Liebe. Das gleiche gilt für die Tugend der Hoffnung. Im Glauben ist

---

[8] Vgl. PESTALOZZI, Sämtliche Werke, Berlin-Zürich 1927ff., Bd. III, S. 232:
„Der Mensch kennt Gott nur, insofern er den Menschen, das ist, sich selber kennet. – Und ehret Gott nur, insofern er sich selber ehret, das ist, insofern er an sich selber und an seinen Nebenmenschen nach den reinsten und besten Trieben, die in ihm liegen, handelt."

jedem Menschen die Berufung zum Heil geoffenbart. Kein Versagen, keine Schuld muß in Verzweiflung münden. Vergebung ist gewährleistet, Vorsatz auch im Bewußtsein der Unsicherheit ist kein unnützes Beginnen. Im Glauben an die Erlösung ist kein Mensch verloren; so daß die Tugend als Hoffnung allen Menschen, unabhängig von Alter, Geschlecht, Rasse, Klasse und Nation, unabhängig von ihren Umständen und Verhältnissen zukommt. Glaube und Hoffnung vollenden sich in der Liebe, die sich durch nichts erschüttern läßt. Der Gläubige gewinnt die Kraft zu dieser Liebe aus der unverbrüchlichen Treue Gottes gegenüber den Menschen. Diese Liebe trägt jenes Ethos, das den pädagogischen Beruf nicht zum lästigen Job werden läßt, die vielmehr das pädagogische Engagement selbst als Erfüllung ihres Anspruches begreift.

Abschließend gilt es auf zwei angesichts der Behandlung des Themas nahestehende Einwände einzugehen. Einerseits könnte die Kritik sich dahingehend artikulieren, daß Religion und pädagogische Wissenschaft nur äußerlich verbunden sind, daß die Notwendigkeit, pädagogisches Ethos in religiösem Glauben zu verankern, nicht schlüssig und stringent deutlich gemacht werden konnte. Zum anderen kann die Kritik darauf verweisen, daß die Ausführungen im Allgemeinen und theoretisch Abstrakten verbleiben und deshalb für den Lehrer und seine Praxis nicht recht fruchtbar werden können.

Zum ersten wäre festzuhalten, daß Glaube, Hoffnung und Liebe als Tugenden zum pädagogischen Ethos gehören, daß pädagogisches Handeln in Unterricht und Erziehung an sie gebunden ist. Wer pädagogisch handeln will, der muß die in ihnen gemeinte Verbindlichkeit anerkennen. Ihr Anspruch ergibt sich aus der anthropologischen Voraussetzung der ‚Logoshaftigkeit' des Subjekts.

Sie definieren den Menschen in seiner Hinordnung auf Transzendenz. Ohne diese Hinordnung auf Transzendenz würde pädagogisches Handeln sein Fundament verlieren.[9] Gleichwohl ist festzuhalten, daß die inhaltliche Bestimmtheit dieser Transzendenz mit rational diskursivem Denken nicht in ‚gegenständlichen' Aussagen einzuholen ist. Das mag einerseits das Hinübertreten in das Reich des Glaubens sinnvoll erscheinen lassen; macht aber auch deutlich, daß die Forderung des Glaubens durch wissenschaftlichen Fortschritt nicht überflüssig werden kann.

Pädagogisches Ethos ist ein Anspruch an jede Lehrer- und Erzieherhaltung. Das Geschenk der übernatürlichen Tugenden von Glaube, Hoffnung und Liebe ist kein Ersatz für eigenes Bemühen; vielmehr gewinnt dieser Anspruch für den Gläubigen eine Überhöhung, die ihn vor Pervertierung und Resignation gleichermaßen bewahrt und der eigenen Anstrengung eine aller Unsicherheit überlegene Sinngebung bietet.

Das Wissen um das Nichtwissen, um die unaufhebbare Begrenztheit unseres Wissens verführt ohne Glauben leicht zu radikaler Skepsis. Die

---

[9] Vgl. dazu Hans-Georg GADAMER, der in diesem Zusammenhang auf ein Wort HEGELS verweist: „Ein Volk ohne Metaphysik sei wie ein Tempel ohne Allerheiligstes ein leerer Tempel, in dem nichts mehr wohnt und der deshalb selber nicht mehr ist."
Hans-Georg GADAMER, Vernunft im Zeitalter der Wissenschaft, Frankfurt am Main 1976, S. 10.

Erfahrung der Ohnmacht pädagogischen Handelns ohne im Glauben fundierte Hoffnung wird zur Resignation oder zum Machbarkeitswahn des Menschen, der im Gleichseinwollen mit Gott seine Kreatürlichkeit vergißt. Liebe ohne Fundament im Glauben an den göttlichen Heilswillen und die darin gestiftete Gotteskindschaft aller Menschen wird zum romantischen Gefühl oder sie führt in der unerfüllbaren Radikalität ihres Anspruchs zur Verzweiflung.

Mit all dem ist nicht gesagt, daß der im landläufigen Sinne ‚Nichtgläubige' kein guter Erzieher sein könne bzw. daß der Gläubige schon auch der bessere Erzieher sei. Damit ist aber wohl gesagt, daß der Gläubige im gnadenhaften Geschenk des Glaubens und der übernatürlichen Tugenden ein Fundament für pädagogisches Handeln finden kann, das ihm Halt und Sicherheit, Vertrauen und Zuversicht gibt.

Abschließend stellt sich natürlich die Frage: Welche Bedeutung können diese theoretischen Aussagen für die pädagogische Praxis haben? Zunächst ist vor dem Mißverständnis zu warnen, als ob Berufung auf Offenbarung und Glauben das Unterrichten und Erziehen effektiver, friktionsfreier, insgesamt weniger anstrengend mache. Gleichermaßen ist vor dem Mißverständnis zu warnen, als ob durch Berufung auf die Gewißheit des Glaubens bzw. im Vollzug übernatürlicher Tugenden missionarischer Machtwille bis hin zur Idoktrination abgeleitet und gerechtfertigt werden könne.

Wenn von Tugenden die Rede ist, dürfte aber auch klar sein, daß keine Handlungsanweisungen geboten werden, sondern die Frage der Haltung des Erziehers und Lehrers angesprochen ist. Tugenden meinen jene hohe Wertigkeit menschlichen Seins, die als Ergebnis der je eigenen Lebensgeschichte die Konstanz des Bemühens repräsentiert. Tugenden sind nicht Verhaltensdispositionen, die trainierbar wären und die die Funktionstüchtigkeit perfektionieren. Sie sind vielmehr konkret gewordene Seinsweisen des Menschen in der konstanten Hinordnung auf das Gute. Sie erwachsen aus dem ständigen Bemühen, das Richtige zu wollen und zu vollziehen. Sie äußern sich im Handeln, und sie bilden sich durch das Handeln. Wenn von übernatürlichen Tugenden die Rede ist, dann wird dieser Zusammenhang nicht verneint, sondern er wird überhöht durch das Geschenk der Gnade im Glauben. Das gibt dem konkreten Handeln in seiner Hinordnung auf und aus den übernatürlichen Tugenden eine Dimension, die den Anspruch von pädagogischem Ethos nicht mehr als Zumutung erscheinen läßt.

Wenn man die gegenwärtige Kritik an Schule und Pädagogik, an Unterricht und Erziehung genauer analysiert, dann zeigt sich bald, daß pädagogische Praxis nicht so sehr am Mangel des intellektuellen Wissens und technisch-didaktischen Könnens leidet, sondern am pädagogischen Ethos, an der Einstellung, Gesinnung und Haltung des Lehrers gegenüber den Kindern, gegenüber den zu vermittelnden Inhalten und schließlich gegenüber dem eigenen Beruf. Deshalb scheint eine Besinnung auf Ethos und pädagogische Tugend an der Zeit.

Es wäre allerdings ein Verhängnis, wenn man Wissenschaft und Ethos gegeneinander ausspielen würde, vielmehr wäre zu wünschen und zu fordern, daß Wissenschaft selbst auf die Notwendigkeit jenes Ethos verweist.

Dann wird pädagogisches Ethos zur Verpflichtung, im wissenschaftlichen Bemühen sich jenes Wissen zu vermitteln, das pädagogische Verantwortung ermöglicht.[10] Wissenschaftliche Pädagogik wird damit selbst zu einer Theorie des pädagogischen Ethos, das aufgrund der dialogischen Beziehung auch immer darum weiß, daß weder Wissenschaft noch pädagogisches Ethos, auch nicht dessen Fundierung in den übernatürlichen Tugenden pädagogischen Erfolg garantieren. Wer das erwartet, der verkennt den Anspruch jener göttlichen Tugenden und das in ihnen grundgelegte Verhältnis von Theorie und Praxis.

Glaube, Hoffnung und Liebe enthalten keine konkreten Handlungsanweisungen, wohl aber verweisen sie auf jene Haltung, die Papst Johannes Paul II. vor Wissenschaftlern, Künstlern und Publizisten bei seinem Besuch in Wien forderte: „Übersehen und überhören Sie ihn nie: den hoffenden, liebenden, angsterfüllten, leidenden und blutenden Menschen. Seien Sie sein Anwalt, hüten Sie seine Welt: die schöne gefährdete Erde. Sie treffen sich dabei mit den Anliegen der Kirche, die unverwandt auf jenen schaut, über den Pilatus sagte ‚Ecce homo'. Jesus Christus – Gottes und des Menschen Sohn – ist der Weg zur vollen Menschlichkeit. Er ist auch das Ziel. Möge es vielen geschenkt werden, ihn neu zu erkennen – auch durch Sie."

---

[10] „Solches Denken erreicht uns etwa in der Idee des Guten PLATONS, im Denken des Denkens eines ARISTOTELES, im gleichgewordenen Logos des JOHANNES... in den Ideen von Gott, Freiheit und Unsterblichkeit KANTS, im Absoluten des FICHTE, SCHILLING und HEGEL, im Sein des Seienden HEIDEGGERS." Johannes SCHURR, PESTALOZZIS Abendstunde, Passau 1984, S. 16.

Literatur

BREZINKA, Wolfgang, Grundbegriffe der Erziehungswissenschaft, München/Basel 1974.
GADAMER, Hans-Georg, Vernunft im Zeitalter der Wissenschaft, Frankfurt a. M. 1976.
HEITGER, Marian, Beiträge zu einer Pädagogik des Dialogs, Wien 1983.
KANT, Immanuel, Werke, Wiesbaden 1956.
PESTALOZZI, Johann Heinrich, Sämtliche Werke, Berlin/Zürich 1927ff.
PIEPER, Josef, Über das christliche Menschenbild, München 1955.
SCHURR, Johannes, PESTALOZZIs Abendstunde, Passau 1984.

Wolfgang Ritzel

Die anthropologische Voraussetzung von Wissenschaft und ihre Maßgeblichkeit für die Wissenschaften vom Menschen, insbesondere für die Pädagogik

I.

Weil Wissenschaft menschliche Hervorbringung ist, erinnern wir uns zugleich an die durch ihre Geschichte verzeichneten Errungenschaften und an die produktiven Individualitäten, denen dieselben verdankt werden. Daß Wissenschaft zurechenbare Akte zum Ursprung hat (und nicht etwa die Funktionen unserer Denk- und Sprechorgane zur Ursache), wird gegenwärtig deutlich: Urheber wissenschaftlicher Gedankengänge stellen diese – Auge in Auge mit ihrem Publikum – zur Debatte und exponieren zugleich sich selbst. Indem ich Ihnen vortrage, bin ich kritischer Fragen, begründeter Einwände gewärtig; jene werde ich beantworten, diese mit Gegengründen entkräften oder in Ermangelung solcher akzeptieren müssen. Sie erwarten, daß ich verständlich formuliere – daher würde mir die Ausrede, Sie hätten mich mißverstanden, wenig Ehre machen; stünde ich aber nicht zu meiner Aussage, so würde ich unglaubwürdig. Nicht so wenn ich – durch Einwände überzeugt – von meiner vorigen These abrücke, ohne in Abrede zu stellen, daß ich sie verfochten habe. Vielleicht wird auch bemerkt, daß meine Aussage mit meinen älteren Beiträgen zum Thema streitet; das hätte ich zuzugeben, doch nicht als factum brutum; vielmehr müßte ich die Gedankenschritte angeben, die mich von der vormaligen zur jetzigen Aussage gelangen ließen. – All das gilt auch für meine Opponenten. Läßt jemand sich in eine längere Kontroverse mit mir ein, so müssen sich seine Erklärungen in einen einzigen Begründungszusammenhang eingliedern lassen (was nicht heißt, daß er diesen darstellen muß). Wird durch einen Diskussionsbeitrag ein anderer desavouiert, steht der Opponent mithin, wenn er jenen leistet, nicht mehr zu diesem, so desavouiert er sich selbst.

Wer anderen etwas auseinandersetzt und wer sich mit anderen über etwas auseinandersetzt, macht erstens *etwas* geltend und bringt zweitens *sich selbst* zur Geltung, nämlich als das jetzt etwas geltend machende Subjekt, das seine personale Identität in der Zeitfolge behauptet. Daher wird ihm sein Geltendmachen später zugerechnet, damit er es und zugleich sich selbst verantwortet. – Wer sich in Kommunikation und Meinungsstreit zur Geltung bringt, um sich durch andere beim Wort nehmen zu lassen, aktualisiert Personalität. Hierzu bedarf es also der anderen. Schiffbrüchig auf einer Insel und gewiß, nie zu seinesgleichen zurückzukehren, könnte er sich nicht in Form zurechenbarer Aussagen zur Geltung bringen, hörte er also auf, als Person zu existieren.[1] Zu der mit dem Anspruch auf Erkenntniswert gemachten Aussage gehört also ein

---

[1] Es sei denn, er könnte mit dem Psalmisten bekennen: „Nähme ich Flügel der Morgenröte und bliebe am äußersten Meer, so würde mich doch deine Hand daselbst führen" (Psalm 139/9, 10).

zweites Subjekt, welches diesen Anspruch nicht prüfen wird, ohne zugleich das Subjekt der Aussage zu beurteilen; mit einer Einschränkung gilt das selbst vom Monolog: der Part des zweiten Subjekts wird vom Monologisierenden übernommen.

Sind die Kompetenten unter sich, so wird der Hervorbringungs- und personale Charakter wissenschaftlicher Stellungnahmen besonders deutlich – um den Preis einer Fehleinschätzung: als sei zurechenbare Hervorbringung diesen Kompetenten vorbehalten. Wissenschaft erscheint als esoterische Angelegenheit, zu der das „unwissenschaftliche Bewußtsein" keinen Zugang habe. Dem ist HEGELS Wort über das „Verständige" entgegenzuhalten: es ist „das schon Bekannte und das Gemeinschaftliche der Wissenschaft und des unwissenschaftlichen Bewußtseins, wodurch dieses unmittelbar in jene einzutreten vermag" (Vorrede zur „Phänomenologie des Geistes"). Weil verständig, ist dieses Bewußtsein nicht zwar der Initiation in eine Geheimlehre fähig, wohl aber der Einführung in die Wissenschaft. Es ist der Gemeinsprache mächtig, die sich zur Fachsprache fortgebildet hat, bringt also mit, wessen es zu deren Aneignung bedarf. Dennoch erscheint seine Unwissenschaftlichkeit als Manko, der Eintritt in die Wissenschaft als geboten. Statt das *un*wissenschaftliche Bewußtsein am wissenschaftlichen zu messen, unterscheiden wir *nicht*wissenschaftliches und wissenschaftliches Bewußtsein. Mit nichtwissenschaftlichem Bewußtsein macht der Mensch Erfahrung, formuliert er ihren Ertrag, handhabt er Dinge, verkehrt er mit seinesgleichen. Nichtwissenschaftlich ist das Bewußtsein des (nach-)schaffenden Künstlers, des Kunstfreunds wie des Kenners, nichtwissenschaftlich das des Rechtsgenossen. Und was in gegenwärtigem Zusammenhang besonders interessiert: nichtwissenschaftlich ist das Bewußtsein des durch wissenschaftliches Studium qualifizierten Lehrers, welcher „erziehenden Unterricht" hält. In all diesen Fällen hat das Wort von der zurechenbaren Hervorbringung und der sich zugleich mit ihr erprobenden Personalität Anwendung. Auf die Auskunft, die jemand – auf Erfahrung gestützt – erteilt, und auf das Versprechen, das ein anderer gibt, verlassen wir uns, weil wir uns auf jenen und auf diesen verlassen. Entsprechendes gilt im Fall nichtsprachlicher Akte: der künstlerischen Schöpfung und Darbietung, des ethisch oder rechtlich bedeutsamen Verhaltens. Dieselben erschöpfen sich nicht in dem, was vor aller Augen und Ohren ist, sondern sind Hervorbringungen zurechnungsfähiger Subjekte. Wie sich der Urteilende beim Wort nehmen lassen muß, so schulden der Handelnde und der Produzierende Rechenschaft für ihr Wirken und Schaffen; wie jener so bewähren diese Personalität – oder bringen sich, wenn sie nicht zu ihren Aktivitäten stehen, um alle Achtung. Das ergibt, wie die Kennzeichnung „nichtsprachlich" zu verstehen ist: nichtsprachliche Akte von ethischer oder juridischer oder ästhetischer Qualität setzen als ihre Urheber sprachmächtige Subjekte voraus. Muß doch in jedem Fall angegeben werden können, was mit der Handlung beabsichtigt war, was hervorgebracht werden sollte. Nach dem Naturrecht macht derjenige eine „res nullius" (etwas, das niemandem gehört) zu dem Seinen (und damit erst zur Sache im eigentlichen Sinn), der sie ergreift oder – wenn sie in Grund und Boden besteht – beackert oder einzäunt.

Ein durch jeden anderen zu respektierendes Besitzrecht begründet er durch diese Manipulation doch nur, wenn er erklärt, in welcher Absicht er dieselbe vollzogen hat. Dem entspricht, daß der Komponist seinem Tonkunstwerk und der Maler seinem Aquarell Titel geben, wie jener seinen Namen darüber, dieser den seinen darunter schreibt.

Hiernach sind unsere tagungsinternen Auseinandersetzungen nur ein Beispiel für alle überhaupt bewußten, d. h. spezifisch humanen Vollzüge. Der Akzent liegt nicht auf der Banalität, daß allein der Mensch Wissenschaft hervorbringt, sondern darauf, daß allein er überhaupt hervorbringt, nämlich etwas vollziehend oder erschaffend, was ihm zuzurechnen ist und wofür er einzustehen hat – u. a. Wissenschaft. Dieses specimen humanum – Zurechenbarkeit der Hervorbringung, Verantwortlichkeit des Hervorbringenden – bildet die anthropologische Voraussetzung von Wissenschaft. Wissenschaft treibend nehmen wir das Privileg des Menschen in Anspruch, verantwortlich zu wirken und zu schaffen, setzen wir dasselbe also voraus. Dann dürfen wir, wenn der Mensch Gegenstand unserer Wissenschaft ist, dieses sein Privileg nicht ignorieren.

Des Menschen Privileg begründet seine Würde: die Person darf nicht als Sache traktiert, das Subjekt zurechenbarer Akte nicht zu deren Material und Mittel herabgesetzt werden. Zu den prohibitiven Bestimmungen kommen präskriptive. HIPPOKRATES hat den Berufseid des Arztes formuliert: den Kranken zu heilen, die Schmerzen zu lindern, das Leben zu erhalten. Einen weiteren Anspruch erhebt der Mensch als Rechtssubjekt: ihm muß sein Recht werden. Einen dritten implizieren die Schlußworte des Matthäus-Evangeliums: den der Angehörigen aller Völker auf Belehrung und Taufe im Namen der Trinität. Viertens hat der Mensch als Unmündiger den Anspruch, erzogen zu werden, um Mündigkeit zu erlangen. – Nicht juristisch ist das gemeint, sondern pädagogisch: mündig soll heißen, wer erstens um seine sowohl moralische als auch juridische Verpflichtung gegenüber den Mitmenschen und dem Gemeinwesen weiß, um derselben nachzukommen und – wenn er jenen oder diesem etwas schuldig bleibt – zur Rechenschaft gezogen zu werden; zweitens kann der Mündige sich im privaten, beruflichen und öffentlichen Leben behaupten, weil er die sich ihm jeweils eröffnenden Möglichkeiten erfaßt und sein Recht kennt, um von jenen umsichtig Gebrauch zu machen und dieses energisch durchzusetzen. Beides gehört zusammen wie Taubensanftmut und Schlangenklugheit: wer die Ellbogen ohne Rücksicht auf Wohl und Recht der Mitwelt regt, an dessen Existenz besteht kein allgemeines Interesse; wer sich auf seinen Vorteil nicht versteht, kommt nicht nur selbst zu Schaden, sondern verscherzt zudem die Möglichkeit, sich anderen nützlich zu machen. – Um den eigenen Vorteil wahrzunehmen, ohne sich den Mitmenschen gegenüber ins Unrecht zu setzen, muß der Mensch das physische und geistige Potential, das er seiner bald freigiebigen, bald kargen Natur verdankt, aktualisiert haben (doch auch unabhängig von dieser Rücksicht ist das nicht ein Merkmal für Mündigkeit, wohl aber zu wünschen).

Den vier Ansprüchen des Patienten, des Rechtssubjekts, des zum Heil Berufenen und des Unmündigen wird durch vier Praxeis genügt: durch die des Arztes, durch die Rechtsprechung, durch Verkündigung und Seelsorge und durch Erziehung. Sämtlich müssen sie durch den mitvollzogen werden, um dessentwillen sie vollzogen werden. Ignoriert der Kranke Fragen und Verordnungen des Arztes, so kann dieser ihm nicht helfen. Erst wenn der Richter weiß, worum Kläger und Beklagter streiten, kann er jenem und diesem sein Recht schaffen; daher müssen beide durch ihre Aussagen zur Rechtsfindung beitragen. Der Pfarrer legt das Gotteswort aus, verwaltet die Sakramente und hält sich dem Bedrängten als Seelsorger bereit; aber diese Funktionen haben erst einen Sinn, wenn die Predigt auf offene Ohren trifft, wenn Gläubige nach dem Genuß der Sakramente, Angefochtene nach dem seelsorgerischen Gespräch verlangen. Und nicht anders ist es beim Mündigwerden: bedarf der Unmündige hierbei der Hilfe eines Mündigen, so vollbringt er es doch selbst. Nimmt er – zum eigenen Schaden – die pädagogische Hilfe nicht an, so ist dieselbe so gut wie nicht gewährt.

Die gegenwärtige Tagung handelt vom „Ethos des Lehrers". Das Wort „Ethos" wird mit zweifacher Bedeutung gebraucht. Zum einen bezeichnet es ein beobacht- und beschreibbares Verhalten, das nicht auf einen Wertmaßstab bezogen wird; z. B. das „Lehrer- und Schülerverhalten". Doch unser Tagungstitel verwendet das Wort offenbar mit der anderen Bedeutung von mustergültiger, sittlich wertvoller Haltung, die erwartet werden darf (so ist auch der Ausdruck „Berufsethos" gemeint). Da der Lehrer nach dem zuvor Ausgeführten ebenso wie der Arzt, der Richter und der Geistliche nicht ein beliebiges Geschäft ausübt, welches seinen Mann nährt, sondern pflichtgemäß einen Anspruch einlöst, der aus der Würde des Menschen folgt, kann von seinem Ethos wie von dem jener Drei in diesem ein Sollen bestätigenden Sinn gesprochen werden. Nur muß dann nicht ausschließlich vom Ethos des Arztes, des Richters, des Geistlichen und so auch des Lehrers gesprochen werden, sondern zugleich von dem des Patienten, des Rechtsuchenden, des Kirchgängers und so auch des unmündigen Zöglings oder Schulkinds bzw. Schülers. Wofern die Praxis nur vollzogen wird, indem sie durch diese mitvollzogen wird, und wofern sich in ihrem Vollzug das Ethos bewähren muß, muß es auch durch die bewährt werden, um deretwillen sie vollzogen wird.

Den vier Praxeis entsprechen vier Wissenschaften vom Menschen: Medizin, Jurisprudenz, Theologie und Pädagogik. (Die Bezeichnung der – christlichen – Theologie als Wissenschaft vom Menschen wird nicht befremden, wenn man sich an Karl BARTHS Wort vom Evangelium als der „Botschaft vom *Humanismus Gottes*" erinnert.) Weil der Arzt die Krankheit heilen soll, fragt die Medizin nach den Mitteln der Heilung; weil die Gerichte natürlichen und juristischen Personen ihr Recht verschaffen sollen, fragt die Jurisprudenz nach den Kriterien des Rechts; weil Gott das „Amt gegeben" hat, „das die Versöhnung predigt" (2. Kor. 5,18), fragt die Theologie nach dem Wesen der Versöhnung, um welches wissen muß, wer sich für das Amt qualifizieren will, und weil der Pädagoge Unmündigen die Mündigkeit vermitteln soll, fragt die Pädagogik, wie dieselbe vermittelt werden kann. Allemal fungiert der *Zweck der Praxis* als *Prinzip der* eben darum *praktischen Wissenschaft*. Wüßte der medizinische

Forscher nicht um den Zweck des Arztes, der Rechtsgelehrte nicht um den des Richters, der Theologe nicht um den des Predigers und der Pädagogiker nicht um den des Pädagogen, so könnte keiner der Viere sein wissenschaftliches Interesse artikulieren. Weil die Prinzipien der praktischen Wissenschaften die Zwecke der Praxeis und damit die Würde des Menschen bestätigen, führt eine jede ihren Namen nur zu Recht, wenn sie sich auf diese Würde verpflichtet weiß. In negativer Wendung: wer mit Personen ohne deren Zustimmung experimentiert, berufe sich nicht auf die medizinische Wissenschaft – durch den Verstoß gegen den Zweck, der als deren Prinzip dient, hat er ihre Plattform bereits verlassen. Ein Argumentieren im Sinne des Rechts des Stärkeren ist jedenfalls nichtjuristisch: Justitia, die Göttin mit der Augenbinde, kennt nur die vor dem Gesetz gleichen Rechtsgenossen. Christus hat uns zu seinen Brüdern (Mtth. 25,40), damit aber jeden zum Bruder jedes anderen gemacht; gilt Verkündigung und Seelsorge also Brüdern, so muß die Theologie die Bruderwürde jedes Exemplars unserer Gattung bestätigen. Und da die Erziehung Kindern geschuldet wird, da wir aber Objekten nichts schulden, hätte eine Lehre, die Kinder als Objekte bestimmt (auf welche Erwachsene einwirken oder welche von Erwachsenen geformt und bearbeitet werden), nicht als Pädagogik zu gelten.

Aus der Definition von Mündigkeit folgt ein drittes Merkmal derselben: der – mündige – Kranke, der im juristischen Sinn Mündige (oder Volljährige) und der erwachsene Christ im Laienstande können über sich selbst bestimmen; ein viertes Merkmal ist zu ergänzen: der Kranke hat einen – vielleicht nicht haltbaren – Begriff von der Gesundheit, der juristisch Mündige einen ebensolchen vom Recht, der Laie einen ebensolchen vom Heil. Daher *konsultiert* der Kranke den Arzt, *zieht* der juristisch Mündige *vor Gericht*, *sucht* der Gläubige in Anfechtungen den Seelsorger *auf*. – Der Unmündige aber kann erstens nicht über sich selbst bestimmen und hat zweitens keinen Begriff von der Mündigkeit; daher *wird er in die Schule geschickt*, wo ihm mit der Mündigkeit auch erst deren Begriff vermittelt werden wird. – Aus diesem Unterschied folgt der der Erziehung von den drei anderen Praxeis, zugleich der der Pädagogik von den drei anderen praktischen Wissenschaften.

Patient und Arzt, Kläger und Richter, Laie und Geistlicher sind sich prinzipiell einig. Der Patient will mit ärztlicher Hilfe gesund werden; der Kläger will sein Recht, und der Richter – auf das „fiat ius" verpflichtet – verschafft es ihm; der Christ betet: Herr, hilf meinem Unglauben, und der Geistliche unterweist ihn im Beten und betet vielleicht gemeinsam mit ihm, um ihn die erflehte Hilfe erfahren zu lassen. – Dem Patienten wird der Arzt außer Vorschriften zur Diät etc. u. U. eine elementare medizinische Belehrung erteilen; ebenso mag ein Richter den Rechtsuchenden über juristische Zusammenhänge aufklären und der Kanzelredner die Gemeinde über Theologumena. Jeweils um das Nämliche geht es dem einen und dem andern; daher gewährt der eine dem anderen Einblick in die Wissenschaft, als deren Prinzip dieses Nämliche dient, und die ergibt, daß der, dessen leibliches Wohl, dessen Recht und dessen Heil auf dem Spiele stehen, sich engagieren muß, um das Spiel zu gewinnen. Wie in diesem Fall der praktische Arzt als Mediziner, der Richter als gelehrter Jurist und der Pfarrer als Theologe spricht, so ändert sich auch der Charakter des Adressaten. Der willige „Hörer des Wortes" erscheint nun als Vernunftwesen; allgemein gilt jenes HEGEL-Dictum: das unwissenschaftliche Bewußtsein des Kranken, des Rechtsuchenden und des Laienchristen tritt dank dem „verständigen" Vortrag in die Wissenschaft ein, auf die derselbe sich bezieht.

Weil hingegen der Unmündige keinen Begriff von der Mündigkeit und folglich auch keinen von der Erziehung hat, durch die ihm zur Mündigkeit verholfen werden soll, sind Zögling und Erzieher sich nicht prinzipiell einig. Dem Erzieher ist es um die *Person* des Zöglings und um sein Mündigwerden zu tun. Nur aber wenn es letzterem *nicht* um die eigene Person geht, sondern ausschließlich um die *Sache* (z. B. um die unregelmäßigen französischen Verben), vollzieht er, ohne sich hierüber klar zu sein, die Praxis des Pädagogen mit, d. h. tut er selbst einen Schritt auf die Mündigkeit zu. Er realisiert durch diesen Mitvollzug den Zweck des Pädagogen, der in der Tat sein, des Zöglings, eigenster Zweck ist – er realisiert ihn aber nur, weil er eben dies nicht weiß. Daher kann der Pädagoge sich nicht auf die Pädagogik berufen, um dem Zögling seine Maßnahmen begreiflich zu machen und ihn zum Mitvollzug zu bewegen. Die praktische Wissenschaft Pädagogik ist nur für den Pädagogen bestimmt; das Zöglingsbewußtsein ist und bleibt unwissenschaftlich. – Nicht um Mündigkeit, folglich auch nicht um Erziehung zu wissen, ist hiernach nicht allein ein Kennzeichen der Unmündigkeit, sondern zudem Bedingung des Mündigwerdens. Unterstellen wir, dem Lehrer gelänge es, seine Schüler über den pädagogischen Charakter des Planimetrie- oder Englisch- oder Erdkunde-Unterrichts aufzuklären (darüber, daß dieser ein „erziehender Unterricht" ist)! Dann wäre den Schülern bewußt, daß die Unterrichtsgegenstände in ihrer unverbrüchlichen Objektivität eine Mittelfunktion haben zum Zwecke der sittlichen und intellektuellen Förderung ihrer selbst. Statt sich in tätiger Anerkennung der Objektivität zu disziplinieren oder disziplinieren zu lassen, wären sie versucht, die ihnen abverlangten Leistungen nicht nach ihrem objektiven Wert zu taxieren, sondern nach ihrem Förderungseffekt – auch wohl zu überlegen, ob dieser nicht um einen billigeren Preis zu haben sei. Damit verlöre der Unterricht seinen erzieherischen Charakter; die Lernenden würden sich nicht selbstlos und ausschließlich um der Sache willen bemühen, um mit jedem Lernschritt die Idee der unverbrüchlichen Objektivität zu verifizieren – allenfalls erlangten sie Kenntnisse und Fertigkeiten, deren sie im Sinne des oben genannten zweiten Mündigkeitsmerkmals bedürfen werden (um sich in der Welt zu behaupten). Doch nur zugleich mit der Idee der unverbrüchlichen Objektivität erlangt der junge Mensch die Idee der eigenen Verantwortung und Verpflichtung, das erste Merkmal von Mündigkeit.

Was der Mündige dem Unmündigen schuldet, begründet er mit dessen Personwürde, in KANTS Worten: mit der „Menschheit" in der Person des kindlichen oder jugendlichen Menschen. Darum sind Einwände gegen das soeben Ausgeführte ernstzunehmen. – Dem Schüler sei aufgegeben, den pythagoräischen Lehrsatz zu beweisen. Er gehorcht in pädagogisch erwünschter Haltung, wenn er ohne Rücksicht auf Anerkennung $a^2 + b^2 = c^2$ demonstriert, wenn es ihm mithin auf nichts ankommt, als auf den *Erkenntniswert* von Lehrsatz und Beweis. Der Lehrer aber, der mit der Qualifikation des Mathematikers die des Pädagogen verbindet, bedenkt nicht zwar nur, aber vornehmlich diese Motivation des Schülers, mithin den *Bildungswert* von Aufgabe und Lösung. Was in des Schülers Augen unbedingt maßgeblich ist, ist es in denen des Lehrers nur bedingt, oder seine Maßgeblichkeit ist didaktisch vermittelt. Der erziehende Unterricht wird nur vollzogen, wenn es dem für ihn verantwortlichen Lehrer gelingt, seine Schüler zum Mitvollzug zu bewegen; in dieser Absicht muß er sie aber im unklaren darüber halten, was sie gemeinsam mit ihm vollziehen sollen. Was ist von einer Gemeinschaft zu halten, welche die Irreführung der Mehrzahl ihrer Angehörigen zur Voraussetzung hat? Und kann der Lehrer, der mit Unmündigen eine solche Gemeinschaft und Gemeinsamkeit bildet, sich in dieser Absicht auf die Personwürde oder auf die Menschheit in der Person eines jeden von ihnen berufen?

Kann man den pädagogischen Trick – die Täuschung des Unmündigen über das, wofür er beansprucht wird – durch den Hinweis verharmlosen oder gar rechtfertigen, daß dieser – erst einmal mündig geworden – den guten Sinn der Veranstaltung einsehen werde, ganz so wie der Geheilte einsehe, wozu die vielleicht qualvolle Therapie gut war, der er sich nach ärztlicher Vorschrift unterzogen hat? *Doch nicht „ganz so":* dieser hat sich die Therapie gefallen lassen, weil er gesund werden wollte; die Unmündigen aber, die das Pädagogische mitvollziehen, wollen nicht mündig werden, sondern nach unserem Beispiel den Lehrsatz des Pythagoras beweisen! Daher unsere Bedenken. Nach KANT wird der Menschheit ihr Recht nur, wenn der sie Verkörpernde nie nur als Mittel, sondern immer *zugleich* als Zweck geachtet und behandelt wird. Das wird der Patient in der therapeutischen Situation, nicht aber – nach dem zuvor Ausgeführten – der Unmündige in der pädagogischen. Ich habe denn auch, als ich vor vielen Jahren auf diesen Zusammenhang stieß, von einem pädagogischen oder didaktischen „pseudos" gesprochen. Und soeben sagte ich: Irreführung, Täuschung.

Doch halte ich hieran nicht fest; und nachdem ich eingangs erklärt habe, in einem Kreise wie dem unsrigen müsse man sich in guter Haltung anhören, daß die Auffassung, die man jetzt vorbringe, der zuwiderlaufe, die man ehedem verfochten habe, setze ich mich diesem kritischen Nachweis gar nicht erst aus, sondern berichtige mich selbst, indem ich meine Pseudos-Theorie zurücknehme. Daß der Unmündige pädagogisch darin bestärkt wird, sich allein um des Erkenntniswertes willen um die richtige Lösung zu bemühen, wo es doch auf den Bildungswert ankommt, läßt sich freilich nicht durch die Überlegung rechtfertigen, daß Hans den guten Sinn des Lernens einsehen werde, dem er sich als Hänschen ohne diese Einsicht unterzogen hat. Denn was von den Epochen der Weltgeschichte gilt, gilt auch von den menschlichen Lebensabschnitten: ein jeder ist unmittelbar zu Gott. Ganz im Sinne ROUSSEAUS, der das Kind so heranwachsen lassen will, daß im Fall seines frühen Todes nicht außer diesem auch sein trostloses kurzes Leben beklagt werden muß.

Von Täuschung, Irreführung, „pseudos" dürfte gesprochen werden, wenn es pädagogisch gerade *nicht* auf das abgesehen wäre, worauf der Lehrer den Schüler verpflichtet, sondern auf etwas *ganz anderes*, so daß jenem gleichsam die Funktion des Köders zukäme. Einen Köder wirft der Vater aus, um den Sohn zu Lernanstrengungen zu motivieren, indem er ihm verspricht, ein ausgezeichnetes Zeugnis durch ein Fahrrad zu belohnen. So zufällig wie die Beziehung des Wunsches nach dem Fahrrad zu den Fächern und Stoffen, denen der von diesem Wunsch Beseelte sich nunmehr fleißig widmet, so zufällig wäre die Beziehung dessen, worauf die Schüler verpflichtet werden, zur pädagogischen Zielsetzung, also des Lehrstücks (z. B. des pythagoräischen Satzes) in seiner Objektivität zur Erlangung der Mündigkeit. Wiese der Lehrer das Lehrstück doch dem Schüler zur Erarbeitung an, bezöge er es aber nicht auf den systematischen Begründungszusammenhang, dem es seine Objektivität verdankt; statt den Beweis des pythagoräischen Lehrsatzes könnte er eine Leistung ganz anderer Art verlangen, die in Anbetracht des erreichten Wissens- und Leistungsstandes ebenso zumutbar wäre. Würde aber besagter Lehrsatz (um einmal bei diesem Beispiel zu bleiben) *nicht* auf den systematischen Begründungszusammenhang (auf den der euklidischen Geometrie) bezogen, sondern in didaktischer Absicht gegen denselben isoliert: wodurch wäre seine Objektivität dann gewährleistet, um deretwillen der Lernende sein Bestes tun soll? Das euklidische System ist den Schülern freilich nicht präsent; daher könnten sie nicht folgen, wenn der Lehrer den Stellenwert jenes Lehrsatzes in demselben bestimmte. Indessen *erzeugen* sie unter seiner Anleitung, schrittweise und mit der Dreieckslehre beginnend, das euklidische System; der Beweis des Lehrsatzes ist eine Operation von vielen, die in dieser Absicht in bestimmter Reihenfolge vollzogen werden müssen. – Ergo: es ist pädagogisch *nicht auf etwas ganz anderes abgesehen*, gemessen an dem, worauf der Zögling und Schüler verpflichtet wird, sondern die pädagogische Absicht, um die Zöglinge und Schüler nicht wissen, gehört dialektisch zusammen mit der ihnen allerdings bewußten Aufgabe, der Objektivität der Schulmathematik – oder der Grammatik und Syntax der Fremdsprache oder der Historie – tätige Anerkennung zu zollen. Diese dialektische Einheit rechtfertigt auch erst, daß denen, die sich der Aufgabe mit Erfolg unterzogen, d. h. Leistungen vollbracht haben, welche zum wenigsten „genügend" sind, das Zeugnis der Reife ausgestellt, d. h. die Mündigkeit bestätigt wird. – Das „proton pseudos" jener Pseudos-These: man kann an ihr nur festhalten, wenn man auf einem Entweder-Oder besteht, also darauf, hinsichtlich jedes Lehrstücks zu entscheiden, ob es als wissenschaftliche Errungenschaft zu schätzen – oder ob es didaktisch als „etwas ganz anderes" zu qualifizieren ist. Schon der Begriff des „erziehenden Unterrichts" steht dem entgegen; aber erziehender Unterricht könnte ein Hirngespinst sein. Wenn aber, um bei unserem Beispiel zu bleiben, der Geometrie-Unterricht nicht in einem Einprägen vieler einzelner Lehrsätze besteht, wenn die Schüler vielmehr durch ihren Lehrer angeleitet werden, das euklidische System zu erzeugen, dann ist erwiesen, daß eine wissenschaftliche Errungenschaft nicht pervertiert wird, wenn sie in didaktischer Absicht mediatisiert wird. Im übrigen wird die Zweck-Mittel-Relation umgekehrt, wenn junge Leute, die einen gediegenen Mathematik-Unterricht genossen haben, daraufhin den Anforderungen eines Mathematikstudiums gewachsen sind, um in einzelnen glücklichen Fällen produktive Beiträge zu dieser Wissenschaft zu leisten. Was würde aus ihr in ihrer unverbrüchlichen Objektivität, wenn sie nicht ihres Bildungswertes wegen in der bescheidenen Gestalt der Schulmathematik jeder neuen Generation vermittelt würde?

Auch in dieser Gestalt ist sie – wie alle Wissenschaft – menschliche Hervorbringung; zugleich mit allem aber, was der Mensch hervorbringt, bringt er sich selbst hervor (wofern er, wie bemerkt, nichts geltend macht, ohne sich selbst zur Geltung zu bringen). So der Unmündige, auf dessen Förderung der Pädagoge verpflichtet ist, und der gerade, indem er sich ausschließlich der Sache verpflichtet weiß, das Pädagogische mitvollzieht. Es bleibt dabei, daß er keinen Begriff von Mündigkeit und von Erziehung und von erziehendem Unterricht hat, daß er also diese Zusammenhänge nicht durchschaut und gar nicht durchschauen darf, um frei von autistischer Befangenheit zu leisten, was er leisten muß. Nur heißt das nicht, daß er über dieselben getäuscht wird, sondern lediglich, daß er allein die eine Seite der Medaille kennt. Erst am Ziel wird er auch die andere bemerken, das also, was er selbst noch außer Kenntnissen und Fertigkeiten der redlichen Arbeit um des Objektiven willen verdankt – und dazu die eben nicht kontradiktorische, sondern dialektische Beziehung beider Seiten. Erst daraufhin wird er fähig zur pädagogischen und insbesondere didaktischen Reflexion. Wie also die Einführung der Pädagogik als Schulfach zu bewerten ist, möchte ich jetzt nicht untersuchen.

Unter dem Lehrer, von dessen Ethos wir handeln, wird der Veranstalter eines erziehenden Unterrichts in bestimmten *Schulfächern* verstanden, für den er sich durch das Studium der entsprechenden *Wissenschaften* qualifiziert hat. Viele Beiträge zu unserem Thema lassen an die durch NOHL formulierte „Grundantinomie" denken: dem Anspruch des Unmündigen auf Hilfe beim Mündigwerden steht der Anspruch der objektiven Mächte entgegen, die jedermann zu respektieren hat, so daß auch das Wort „Mündigkeit" nichts anderes bezeichnet als die Loyalität und Tauglichkeit gegenüber diesen Mächten und für sie. Also eine Abwandlung jenes Entweder-Oder! Wird an ihr festgehalten, so ist die durch NOHL bezeichnete geschichtliche Bewegung unvermeidlich: auf Zeiten einer Reglementierung der Jugend im Sinne eines Fächerkanons, dessen Maßgeblichkeit keinen Zweifel duldet, folgt ein Jahrhundert oder auch nur ein Vierteljahrhundert des Kindes, in welchem die durch den Kanon verzeichneten Fächer und Stoffe nur geschätzt werden, soweit sie zum Wohl des Kindes gereichen. Nur daß das Pendel nicht innehält: vor 20 Jahren hatten im deutschen Bildungswesen vorgebildete Anwälte der Jugend das große Wort, welche Leistung suspekt machten und Autorität als verwerfliches Hilfsmittel dessen verschrieen, dem es an pädagogischem Geschick fehle; heute aber lesen und hören wir von 16jährigen Opfern des Schulstreß auf der Couch des Psychiaters. Es ist aber nicht am Entweder-Oder festzuhalten: Die Rücksicht auf die Förderung der Jugend und das Eintreten für das unverbrüchlich Objektive sind die zwei Seiten der einen Medaille. Der

Lehrer, der sein Pädagogentum ernst nimmt, schärft seinen Schülern eben darum den Anspruch des Objektiven ohne Schonung ein; der wissenschaftliche Kopf, der den Lehrerberuf ergreift, legt es mit seinem anspruchsvollen Unterricht eben darum auf nichts anderes an als auf die pädagogische Förderung der ihm Anvertrauten.

Zu dieser Dialektik kommt eine weitere, da Lehrer und Schüler das Pädagogische gemeinsam vollziehen, da jeder etwas anderes vollzieht als der andere, jeder aber mitvollzieht, was der andere vollzieht. (Der Schüler ist nicht nur unmündig, er ist auch Anfänger. Daher ist auch das Lehrertum Mitvollzug des Schülertums: der Lehrer muß dem Schüler nicht nur Aufgaben stellen, er muß zudem gemeinsame Sache mit ihm machen, nämlich mit der Überlegenheit des Fachmanns, die gewährleistet, daß der Schüler sich in Lösung der Aufgabe nicht in Schwierigkeiten verstrickt und am Ende Mut und Selbstvertrauen einbüßt.) Wird der Lehrer *seiner* Aufgabe nur gerecht, wenn die Schüler sich um die Lösung *ihrer* Aufgaben bemühen, so kann auch sein Ethos nur zugleich mit dem Schülerethos bestimmt werden. Nun haben wir jenes und dieses schon in allgemeinster Wendung bestimmt: der Lehrer, der seinen Schülern eine Aufgabe stellt, bedenkt deren Bildungswert, der gewährleistet ist, wenn die Schüler sich ausschließlich um der Sache willen um die Lösung bemühen. Eine Interdependenz hat statt: indem die Schüler sich um eines Objektiven willen engagieren, erlangt dasselbe seinen Erkenntnis-, seinen Bildungswert; zum anderen: dieses Objektive muß auch danach sein, die Schüler zum Engagement zu motivieren – erfahrungsgemäß kommt es zu demselben weder, wenn die Adressaten über-, noch wenn sie unterfordert werden. – Dieses Resultat ist doch allzu bescheiden: mit den Haltungen, die im Sinne der Etymologie von „Ethos" von Lehrern und Schülern erwartet werden, habe es seine Richtigkeit, so gilt doch auch, daß Erwartungen zuweilen enttäuscht werden, und insbesondere, daß ein Lehrer tauben Ohren predigt, obwohl seine Schüler durch das Vorhaben, für das er sie gewinnen will, weder unter- noch überfordert werden.

Angesichts dieser immer wieder eintretenden Situation scheiden sich die Geister. Den Pädagogen und Pädagogikern, die mit Grund darauf hinweisen, daß Motivation nicht erzwungen werden und durch einen allenfalls erzwingbaren unfrohen Eifer nicht ersetzt werden kann, und die daher nur ein Mittel ergreifen bzw. anraten, nämlich die Fortsetzung jener Predigt, stehen die anderen gegenüber: sie halten es mit Wilhelm BUSCHS Lehrer Bockelmann, welcher der Nichtbereitschaft und Renitenz seiner Schüler „mit einigen Streichen" oder auf andere empfindliche Weise begegnet. „Dies ist Bockelmanns Manier"; die Motivation seiner Schüler Peter und Paul Fittig – Furcht, nicht aber Eifer für die Sache – ist pädagogisch nicht höher einzuschätzen als die dessen, der sich durch Aussicht auf Belohnung „ködern" läßt. – Der pathetische Moralismus, der ebenso gegen die Pädagogen protestiert, die Zwangsmittel ein-, wie gegen die anderen, die Belohnungen aussetzen, behält Lehrern gegenüber recht, denen es auf nichts anderes ankommt als auf die Erreichung des Klassenziels. Aber er ist solchen gegenüber fehl am Platz, die den pädagogisch wertlosen Eifer, den sie durch Pression und durch Aussetzung von

Prämien bewirken, von der allein pädagogischen Motivation durch die Sache oder durch das Problem unterscheiden. Diese Motivation können sie nicht bewirken; wohl aber können sie durch jene Maßnahmen unwirksam machen, was ihr – in Gestalt von Faulheit und Renitenz – im Wege steht. L'appetit vient en mangeant: von der spröden Materie, die der junge Mensch zunächst gezwungenermaßen und lustlos bearbeitet, geht, je beharrlicher er an ihr festhält, ein Reiz aus, der am Ende dahin wirkt, daß der Gedanke an Lohn und Strafe bedeutungslos wird: nicht allein wird die gestellte Aufgabe gelöst, womit in jedem Fall ein Lerngewinn verbunden ist, sondern zugleich erfolgt die sittliche Reifung und Festigung, auf die es pädagogisch ankommt. – So lange der Schüler nur aus Rücksichten, die mit dem ihm angewiesenen Gegenstand nichts zu tun haben, arbeitet, übt er einen blinden Gehorsam und erprobt jedenfalls kein Schülerethos – und so lange der Lehrer sich schon mit dem begnügt, was blinder Gehorsam zeitigt, beweist er kein Lehrerethos, sondern beschränkt sich auf das, was ihm als Unterrichtsbeamten obliegt. Zum Lehrerethos gehört das Wissen, daß seine Schüler das Ziel, das er sie erreichen lassen soll, nur in Freiheit erreichen, daß also der Zwang, den auszuüben er sich gezwungen sieht, allein den Sinn hat, sie in Freiheit zu setzen, nämlich in die von ihren eigenen, dem Anspruch der Sache entgegenstehenden Antrieben, in die Freiheit, in der sie diesem Anspruch genügen und ihr Schülerethos erproben können.

Nach einem alten Wort wird der nicht-geschundene Mensch nicht erzogen. Das heißt nicht, daß der Erzieher den Zögling schinden müsse, sondern daß dieser sich selbst schinden muß, nämlich um einer Sache willen, die in seinen Augen des Schweißes der Edlen wert ist. Aber es schließt auch nicht aus, daß jener diesen schindet, um ihn nämlich dazu zu bewegen, daß er sich selbst der Schinderei unterzieht – NB.: nicht um mündig zu werden, denn davon hat er keine Vorstellung, sondern um eines unverbrüchlich Objektiven willen. Dann erzieht er sich selbst – ohne es zu wissen. Weil der Lehrer ihm dies Wissen voraushat, und weil dasselbe ein Moment seines Lehrerethos ist, weiß er auch, daß er mit diesem nichts ausrichten wird, so lange es ihm nicht gelungen ist, das Schülerethos zu wecken.

III.

Der Wissenschaftscharakter der Psychologie und der Soziologie hat mit dem Praxisbezug beider nichts zu tun. Zwar kommen ihre Ergebnisse zur Anwendung; doch unabhängig hiervon erheben beide ihren Wissenschaftsanspruch. Ist die anthropologische Voraussetzung von Wissenschaft auch für sie maßgeblich? Präziser: ist Personalität ein Apriori der Psychologie und der Soziologie?

Wir definieren Psychologie als die Wissenschaft vom *Erleben*. Was mit „Erleben" gemeint ist, wissen wir, weil wir des eigenen Erlebens bewußt sind, wie deutlich wird, wenn ich bekenne: ich genieße die Atmosphäre gegenwärtiger Tagung. Nicht als müßte die Reflexion auf das Erleben dieses – die Intention auf das Erlebte – ständig begleiten; doch nur durch eine hinzutretende oder nachfolgende Reflexion wird das Erleben als solches qualifiziert, so wenn wir uns erwachend an unseren Traum erinnern. Wissen wir also von keinem Erleben, das der Reflexion ermangelt, so ist dieselbe ein Merkmal des Begriffs Erleben. – Der Psychologe setzt dann auch voraus, daß das Exemplar unserer Gattung, dem sein Interesse gilt, in dem angegebenen Sinn erlebt, d. h. nicht nur Erlebnisinhalte hat, sondern sich auch seiner Erlebnisse bewußt ist. Nur darum befragt er das Exemplar nach seinem Erleben und macht sich Rechnung auf brauchbare Antworten – nur also aufgrund des Apriori seiner Wissenschaft: der dem Gegenstand zugebilligten Personalität. Aufgrund ihrer darf der Psychologe mit der sogenannten „Versuchsperson" auch nur mit deren Einverständnis experimentieren; die ohne ihre Zustimmung solchen Praktiken unterworfene würde zur „Unperson" degradiert. Erbittet der Psychologe aber die Zustimmung zu dem Versuch, so honoriert er die Personalität des Gebetenen. – Zur Soziologie! Wie viele nichtmenschliche Lebewesen nur im Dauerverband mit Artgenossen, so existiert der Mensch nur zusammen mit seinesgleichen. Doch anders als jene kann er sich die Mitmenschen, zu denen er sich gesellt, und die Sozietäten, denen er angehören will, aussuchen und andere Sozietäten, in die er hineingeboren oder -geraten ist, verlassen. Danach ist auch sein Verbleiben in einer solchen als Sache seiner eigenen Entscheidung anzusehen. Indem er aber von jener Möglichkeit Gebrauch macht und sich assoziiert oder dissoziiert, macht er anderen gegenüber etwas geltend und bringt zugleich sich zur Geltung, beweist er also zugleich mit seiner Reflexivität seine Personalität. Und nun steht es wie im Fall des Begriffs Erleben und seines Merkmals Reflexivität: dieses specimen humanum ist auch Merkmal unseres Begriffs von Sozietät, Gesellschaft, Vergesellschaftung. – Wenn nur der sein Erleben reflektierende, durch Personalität ausgezeichnete Mensch erlebt, ist Psychologie eo ipso Humanpsychologie; wenn nur er gesellschaftlich existiert, bilden allein menschliche Sozietäten den Gegenstand der Soziologie.

Es ist uns aber aufgrund von Beobachtung evident, daß der Reflexion unfähige bzw. noch unfähige Tiere und Kleinkinder Furcht, Hunger, Lust und Schmerz, Zu- und Abneigung empfinden; müssen wir nicht auch ihnen ein Erleben zugestehen? Und müssen wir Viehherden, Fischschwärme, Ameisenvölker nicht dem Oberbegriff Tiersozietäten subsumieren? Das Merkmal Reflexion, das wir in die Begriffe „Erleben" und „Gesellschaft" eingesetzt haben, bedingt deren engen Umfang. Das Desiderat einer allgemeinen (nicht bloß Human-)Psychologie und das einer Wissenschaft von der Vergesellschaftung menschlicher und nichtmenschlicher Lebewesen scheint seine Preisgabe zu erfordern. Mit weiterem Umfang müßten beide Begriffe als Denkmittel auch für das taugen, was im Tier und im neugeborenen Menschenkind vorgeht sowie für das Sozialverhalten nichtmenschlicher Kreaturen. Doch was bleibt nach der geforderten Preisgabe von beiden Begriffen übrig?

Wird Personalität nicht vorausgesetzt, so entfällt die bezeichnete Verständigung des Psychologen mit dem Lebewesen, das er beobachtet oder mit dem er Versuche anstellt; nur die Außenansicht bleibt: Beobachtung, Beschreibung von Verhalten. Das Verhalten indiziert – nach der Voraussetzung des Beobachters – ein Erleben; der Psychologe ist gewiß, nicht nur ein Äußeres zu bemerken, sondern die Äußerung eines Inneren. Doch die Verifikation mißlingt: niemals wird das wahrgenommen, dem eigentlich das Interesse gilt, sondern immer nur ein im Verhältnis zu diesem Äußeres. Und das Verhältnis kann nicht bestimmt werden, weil der Begriff des eigentlich Gemeinten fehlt – die vage Vorstellung von dem, was im Tier oder im Säugling vorgeht, ist kein Begriff, auf den alle Beobachtungen bezogen werden könnten. Dies unvermeidliche Mißlingen wird nur dann nicht bemerkt, wenn die asketische Beschränkung auf die Außenansicht aufgegeben und – *uneingestandenermaßen* – interpretiert wird: wenn also das Verhalten einer leidenden Kreatur oder wenn das Lächeln eines 6 Wochen alten Säuglings registriert wird. Doch woher weiß der Beobachter, daß das Tierverhalten ein Leiden ausdrückt und daß das, was das Säuglingsgesicht zeigt, Lächeln genannt werden darf?

Der Einwand trifft nicht den, der *sich* vielmehr *erklärtermaßen* in das Tier, in das Kind „hineinversetzt", *sich* mit dem einen und dem anderen „identifiziert", um daraufhin in Vollzug einer Reflexion I. Grades zu urteilen: das Tier leidet, das Kind lächelt. Indem er mit leidet und das Lächeln erwidert, scheint dahinzuschwinden, was er beiden voraushat, indem er aber artikuliert, was hierbei in ihm vorgeht, d. h. indem er im strengen Sinn erlebt, wird sein Prae bestätigt: erst die Reflexion, die in die Feststellung von Leiden und Lächeln mündet, macht das durch diese Worte Bezeichnete zum Gegenstand psychologischer Verständigung – nämlich der Verständigung unter Psychologen (nicht der des Psychologen mit dem Tier oder dem Kleinkind). Den Preis, der hierfür zu zahlen ist, gab ich aber mit den Worten an, der Psychologe versetze *sich* in das Tier, in den Säugling hinein oder er identifiziere *sich* mit jenem und diesem. Darin liegt doch, daß er die ihm vorbehaltene Reflexibilität und Personalität in Ansatz bringt, also das, was ihn von Tier und Kleinkind unterscheidet, mit denen er sich identifiziert. Die Selbstidentifikation mit einem Wesen, das kein Selbst ist, muß mit begrifflicher Notwendigkeit scheitern. Gilt das für alle Psychologie des Kleinkinds und für alle Tierpsychologie, so hat Reflexivität, mithin Personalität als das Apriori *aller* Psychologie zu gelten und nicht bloß als das der Psychologie des wenigstens der Sprache und der Rede in der I. Person Singularis fähigen Menschen. Zugleich ergibt sich, warum es nicht bei jener Reflexion ersten Grades bleiben darf: naiv geübt führte sie zur unstatthaften Bestimmung des in nicht-reflexiven Wesen Vorgehenden als Erleben. Es bedarf der im vorigen schon geübten Reflexion II. Grades, die das notwendige Scheitern der Selbstidentifikation bemerkt. Ohne die Reflexion I. Grades erschiene das im Tier und im Säugling Vorgehende nicht als psychisch; ohne die begleitende Reflexion II. Grades wäre die sich in Tier und Säugling hineinversetzende Forschung unkritisch.

Dagegen ergibt die Außenansicht soziologisch erhebliche Fakten, denen sich Regeln abgewinnen lassen, die für das Sozialverhalten von Lebewesen überhaupt bzw. für dasjenige einzelner Spezies gelten. Danach wird es einen Begriff von Sozietät etc. geben, der die Reflexivität der vergesellschafteten bzw. sich vergesellschaftenden Lebewesen nicht postuliert.

Diesem Genus werden als Arten auch die Sozietäten subsumiert, die der Mensch bildet. Alles, was die Außenansicht über das Sozialverhalten von Lebewesen überhaupt ergibt, soll auch für menschliches Sozialverhalten zutreffen (ohne dasselbe erschöpfend zu charakterisieren). Doch in der Tat ist *die* Sozietät, in die der Mensch sich aufnehmen läßt oder in der er verbleibt, *kein* Fall jenes Genus! Das Sozialverhalten von Lebewesen wird wohl in Beobachtung des Verhaltens einzelner Exemplare registriert; doch nur als Funktion der Zugehörigkeit des jeweiligen Exemplars zum Kollektiv findet sein Verhalten Beachtung. *Die* Sozietät aber, deren Angehörige Personalität beweisen, stellt ebensowenig ein Kollektiv vor wie personales Verhalten, und d. h. *Sich*-verhalten, einen Fall *des* Verhaltens, das aus der Zugehörigkeit zum Kollektiv folgt. Das spricht nicht gegen eine allgemeine Soziologie, welche dem Sozialverhalten unterschiedlicher Spezies die Außenansicht abgewinnt; wohl aber verwehrt es die Bestimmung der Humansoziologie als eine Disziplin jener.

Das Substantiv „das Verhalten" ist gebildet aus dem Verb „*sich* verhalten". Von der durch dieses ausgedrückten Reflexivität sieht eine Forschung ab, die Verhalten als ihr Apriori statuiert, also Erscheinungen, die ein Verhalten zeigen, als Forschungsgegenstände qualifiziert. Das Sich-Verhalten von Personen erscheint ihr als ein Fall von Verhalten und – nachdem diesem prinzipielle Bedeutung zugestanden worden ist – also bloßes Faktum. – Das ist die Gegenposition, dazu angetan, die Unterschiede zu tilgen, an denen in der Absicht einer Wissenschaft vom Menschen alles gelegen ist. Reflexivität, mithin Personalität ist das Apriori, auf das diese nicht verzichten kann, ohne ihren Gegenstand zu verfehlen – und wenn es nur das wäre! Eine Wissenschaft vom Menschen, die aus einem wie immer begründeten Szientismus heraus Reflexivität, mithin Personalität als bloßes Faktum verstünde, gäbe, ohne sich das einzugestehen, ihren eigenen allein durch das Prinzip Reflexivität, mithin Personalität zu begründenden Wissenschaftsanspruch auf. Was sich eingangs grundsätzlich bezüglich aller Wissenschaften vom Menschen ergab, ist anhand einiger dieser Disziplinen bestätigt. Wer sich ihnen widmet, muß, was er für sich selbst beansprucht, seinem Gegenstand zugestehen, um nicht ein Verhalten annehmen zu müssen, dessen Subjekt nicht auf den Begriff gebracht werden kann, und um nicht zu riskieren, daß seine eigene Forschungstätigkeit als ein ebensolches Verhalten eingestuft wird.

Dieter-Jürgen Löwisch

Die Verantwortung des Lehrers als Erzieher für das Verbindlichwerden der Verfassung

I.

Das Thema mag erstaunen: Ist der Lehrer als Erzieher verantwortlich für das Verbindlichwerden der Verfassung oder ist eine solche Aufgabe nicht ein – wenn auch unbestritten ganz notwendiger – Auftrag an den Lehrer im Rahmen politischer Bildung? Denn man kann fragen: Ist es nicht Sache des Lehrers als Erzieher, Verantwortung speziell vor dem Schüler als einem werdenden Verantwortungsträger zu tragen, und liefe dies dann nicht auf moralische Bildung hinaus im Gegensatz zu politischer Bildung? Oder aber – und dies wäre die dritte Möglichkeit –: Läßt sich dies so – wie in der vorgenommenen Weise – gar nicht trennen? Gibt es vielleicht ein erweitertes Verständnis von politischer Bildung, das mit moralischer Bildung überein- gehen kann? Müssen wir hier vielleicht von einem „Sowohl-als-auch" statt von einem „Entweder-oder" ausgehen?

Anläßlich der zweihundertsten Plenarsitzung der Ständigen Konferenz der Kultusminister der Länder in der Bundesrepublik Deutschland erklärte in einer Ansprache Bundespräsident Karl CARSTENS: „Was wollen wir in unseren Schulen erreichen? Es kann doch nicht nur um die Vermittlung von Kenntnissen und technischen Fertigkeiten gehen. Es sollten, so meine ich, auch Einstellungen und Verhaltensweisen geübt sowie Werte vermittelt werden. Ich erinnere an den Beschluß der Kultusministerkonferenz vom Mai 1973. In ihm heißt es, daß an unseren Schulen zum selbständigen kritischen Denken, aber auch zu einer positiven Einstellung zu Staat und Gesellschaft, Freiheit und Demokratie erzogen werden soll, daß unsere Kinder lernen sollen, ihre Rechte wahrzunehmen und ‚ja' zu sagen zu ihren Pflichten. . . . Es scheint mir wichtig zu sein, daß in unseren Schulen auch die Überzeugung vermittelt wird, daß wir in einer Gesellschaft leben, in der es sich zu leben lohnt, und daß der einzelne aufgefordert ist, seinen Beitrag für diese Gesellschaft zu leisten."[1]

Das Üben und Einüben von *Verhaltensweisen* ist etwas relativ Unproblematisches. Was aber heißt: Üben und Einüben von *Einstellungen*? Einstellungen sind die jeweiligen sinnhaften Haltungen, die einen zu einem bestimmten Handeln bewegen; Einstellungen sind mithin die Voraussetzungen für Beweggründe. Sprechen wir von Beweggründen, dann unterscheiden diese sich von Antrieben, indem erstere begründet, das heißt reflektiert und wohlbedacht sind. Das Bedenken geht dabei auf zweierlei: es ist gerichtet einmal auf Werthaltungen, unter denen Entscheidungen getroffen werden, so daß sie als sinnvolle Entscheidungen angesehen werden können. Und zum anderen ist das Bedenken gerichtet auf die

---

[1] In: Presse- und Informationsamt der Bundesregierung (Hrsg.): Bulletin Nr. 112, 23. Oktober 1980, S. 950.

möglichen Folgen der Entscheidungen, so daß diese als verantwortete Entscheidungen ausgewiesen werden können. „Einstellungen üben" hieße somit: Werthaltungen üben. Das Üben von Werthaltungen sollte dabei verstanden werden als ein Sich-Üben im Finden von Werthaltungen, nicht aber als ein Einüben in mitgeteilte, quasi geoffenbarte Werthaltungen (bei G. E. LESSING wäre das der Unterschied zwischen „gymnastikos" und „dogmatikos").[2] „Werthaltungen üben" in einer solchen gymnastischen Weise statt in einer dogmatischen Weise kann man aber nur, wenn die den Werthaltungen zugrunde liegenden Werte vermittelt worden sind, d. h. wenn über sie orientiert worden ist. Konsequenterweise ist dies auch in den Forderungen des Bundespräsidenten zu finden.

Wenn der ranghöchste Repräsentant eines demokratischen Staates von Wertevermittlung und von dem Einüben von Werthaltungen als einer Aufgabe schulischer Erziehung spricht, dann bedarf das einer näheren Betrachtung, da zugleich ja auch davon gesprochen wird, daß in den Schulen die Überzeugung vermittelt werden soll, daß der Heranwachsende „ja" zu sagen vermag zu der ihn umgreifenden Gesellschaft und dazu, seinen Beitrag zu leisten für diese Gesellschaft. Was macht es also aus, daß sich das Leben in einer Gesellschaft lohnt? Wenn ein solches Ja-Sagen zur Gesellschaft das Ergebnis einer öffentlichen Erziehungsaufgabe sein soll, dann müßte sich das Ganze auf dem Hintergrund eines Allgemeinen verstehen lassen, eines Allgemeinen als Verpflichtung für die Schule, für die Gesellschaft und für den Staat. Dieses Allgemeine, das Schule, Gesellschaft und Staat verpflichtet und ihnen etwas verbindlich macht, kann nun wohl kaum anders verstanden werden als die Verfassung, die die Grundlage von Staatsschule, Gesellschaft und Staat ist; und – um das ethische Moment nicht unerwähnt zu lassen: die das moralische Rückgrat von Gesellschaft, Staat und Staatsschule bildet.

Ein anderer Zugang zum Thema ergibt sich mir aus folgenden Gedanken des Bonner Staatsrechtlers Josef ISENSEE. In einem Aufsatz über den „Widerstand gegen den technischen Fortschritt" führt er unter der Überschrift „Die neue moralische Herausforderung" aus: „Es zeigt sich kein Weg, der an den Institutionen der rechtsstaatlichen und parlamentarischen Demokratie vorbei- oder über sie hinausführte. Die neue ökologische Frage verlangt keine neue Verfassungsordnung, wohl aber ein neues Ethos derer, die Kompetenz ausüben: den Geist der Verantwortung für die Güter der Erde und die Treuhänderschaft für die künftigen Generationen. Die Industriegesellschaft und ihre staatlichen Repräsentanten könnten vom vorindustriellen Ethos des Bauern lernen, der sein ererbtes

---

[2] Gotthold Ephraim LESSING: Brief an Karl LESSING vom 16. März 1778: „Lieber Bruder, Deine Neugierde wenigstens wird es mir verdanken, daß ich Dir hierbei eine doppelte Antwort gegen GOEZEN schicke. Es soll mir lieb sein, wenn auch diese Deinen Beifall hat. Und ich denke, sie wird ihn einigermaßen haben, wenn Du bedenkst, daß ich meine Waffen nach meinem Gegner richten muß und daß ich nicht alles, was ich γυμναστικῶς schreibe, auch δογματικῶς schreiben würde." (Lessings Briefe, Bibliothek Deutscher Klassiker, Berlin und Weimar 1967, S. 418).

Land nicht ausbeutet, sondern pfleglich verwaltet, um es so gut, wie er es von seinen Eltern übernommen hat, seinen Kindern weitergeben zu können. Die Politik zukunftsgerechter Verantwortung wäre das Gegenteil einer Maschinenstürmerei oder einer Flucht in künstliche Steinzeitparadiese. Sie führte nicht zur Blockade der Entwicklung, sondern zu ihrer verantwortlichen Steuerung und damit auch zu der Chance, daß die Gefahren des technischen Fortschritts einmal durch den technischen Fortschritt (in der Technik des Umweltschutzes) gebannt werden, wie vormals die sozialen Schäden der industriellen Entwicklung nicht durch Rückkehr zur vorindustriellen Lebensform geheilt wurden, sondern durch die Industriegesellschaft selbst, die den Sozialstaat hervorbrachte. Das politische Ethos, das die ökologische Frage fordert, kann nur ein Ethos des Gemeinwohls sein: also die praktische Integration aller öffentlichen Belange und das offene, friedliche Verfahren, um die jeweils zeitgerechte Form der Interessenkoncordanz zu finden" (ISENSEE 1983, 574). Gesucht wird also ein *neues Ethos* der Kompetenztragenden, was für den Politiker bedeutet, eine Politik *zukunftsgerechter Verantwortung* zu betreiben, d.h. eine Politik, die zur verantwortlichen Steuerung des fortschreitenden Denkens führt.[3] Das gesuchte neue Ethos, das der Gesellschaft zugrunde liegen soll, kann nur ein Ethos des Gemeinwohls sein. Ein solches Ethos hat dabei nicht nur Bedeutung für den professionellen Politiker, sondern für jedes Mitglied von Gesellschaft, insofern der Mensch notwendigerweise und grundsätzlich auch gesehen werden muß als „zoon politikon". Die Konsequenz dieses Gedankens beinhaltet dann, daß zu einem solchen Ethos des Gemeinwohls jedem einzelnen künftigen Verantwortungsträger im Rahmen von Erziehung und Bildung auch in der Staatsschule verholfen werden soll. Der Staat – und damit auch die Staatsschule – hat sein moralisches Rückgrat nun in der Verfassung, oder mit Josef ISENSEE: „Der Staat findet in den Menschenrechten eine Rechtfertigung seines Seins und Handelns. Er ist berufen, ihre wirksame und stetige Entfaltung zu gewährleisten" (ISENSEE 1981, 93). Und weiter: „Das freiheitliche System ... akzeptiert die eigennützigen und gruppennützigen Interessen. Gleichwohl lebt es daraus, daß die Realisierung der Grundrechte sich nicht darin erschöpft; daß auch Nächstenliebe und Treue, Verantwortungsbewußtsein und Gemeinsinn entbunden werden; daß Grundrechtsfreiheit sich in Bürgertugend umsetzt. Den Grundrechten korrespondieren ungeschriebene, ethische Grundpflichten, einen sittlichen guten Gebrauch von der Freiheit zu machen" (ISENSEE 1981, 96).

Es mag bis hierher deutlich geworden sein, daß die eingangs in die Erwägung einbezogene dritte Möglichkeit – nämlich die mögliche Zusammenschau von politischer Bildung und moralischer Bildung – sehr wohl eine Berechtigung ihrer Annahme haben kann. Sie soll deshalb auch weiter verfolgt werden.

---

[3] Vgl. Hans JONAS: Das Prinzip Verantwortung, Frankfurt 1979; Hermann LÜBBE, Zeit-Verhältnisse, Zur Kulturphilosophie des Fortschritts, Graz-Wien-Köln 1983.

II.

Wenn die Verfassung also als Grundlage, oder besser: zum Bezugspunkt für schulische Erziehung genommen werden soll und auch darf, dann kann das allein unter dem Gedanken der Vermittlung ihrer sie selbst legitimierenden Menschenrechte geschehen, die in ihr als Grundrechte ausgegeben werden und die in den Landesverfassungen jeweils eine Ausfaltung in den Bereich umrissener Erziehungsziele hinein erfahren. Dabei ergibt sich, daß das Ethos des Gemeinwohls sicherlich nicht zu Unrecht als „modernes Freiheitsethos" bezeichnet werden kann. Dabei hängen zusammen das sog. Gemeinwohl, Freiheit, Verantwortung im Sinne der Nahverantwortung und der Fernverantwortung, d.h. im Sinne der Verantwortung für die Lebenden und der Verantwortung für die noch nicht Geborenen, ferner verantwortliche Steuerung des Umgangs mit den Ergebnissen fortschreitenden Denkens, der sittlich gute Gebrauch von Freiheit: alles das sind Facettierungen des einen Grundbegriffes für eine zeitgenössische zukunftsgerichtete Ethik, nämlich des Prinzips der Verantwortung. Das heißt, das moderne Freiheitsethos, das gefordert ist angesichts der Tatsache, daß der Mensch und sein Handeln sich selbst immer mehr zu einem zu steuernden Problem wird, dieses moderne Freiheitsethos gilt es aufzuklären. Es gilt, es jedem einzelnen Mitglied der Gesellschaft aufzuklären angesichts unzähliger Handlungsfelder, in die jeder von uns eingebunden ist und jeder Heranwachsende entlassen wird ohne eine entsprechende *Handlungsmächtigkeit*. Wenn zur Handlungsmächtigkeit Sachverstand und moralische Kompetenz, d.h. Sachverstand und Verantwortungsreife gehören, dann hat die Schule, die eine Erziehungs- und Unterrichtsstätte ist, Sachverstand zu vermitteln, soweit es ihr möglich ist und soweit die Schüler aufnahmefähig sind, und Hilfe bei der Entwicklung von Verantwortungsreife zu leisten.

Bei dieser Aufgabe muß notgedrungenerweise die Frage aufkommen, was der Staat in seinen Institutionen dazu beitragen kann, dieses Freiheitsethos, das auch Grundlage und Grundforderung seiner Verfassung ist, verbindlich werden zu lassen. Der Staat und seine Institutionen – das sind auch Macht und Herrschaft, einzelner und von Apparaten. Wieweit der Staat geneigt ist, gerade in diesen Wert- und Inhaltsfragen mit Macht und Autorität vorzugehen, dokumentieren die Aktivitäten des baden-württembergischen Kultusministers MAYER-VORFELDER im Rahmen der dortigen Lehrplanrevision.[4] Werden dann aber, wenn man den Staat derartig beauftragt, entgegen pädagogischen Notwendigkeiten nicht möglicherweise autoritäre statt liberale Momente zugestanden, vor allem dann, wenn von Einüben und Vermitteln von Werthaltungen und Werten die Rede ist? Auch Josef ISENSEE sieht dieses Problem. Er erklärt den Staat

---

[4] Eine kritische Würdigung der werterzieherischen Grundlagen der Lehrplanrevision durch den baden-württembergischen Kultusminister habe ich in einer Rede vor der GEW (Kreis Nürtingen) unter dem Thema „Pädagogik: Freiheit – Freiraum – Verantwortung, Ein Beitrag zum Lehrer-Schüler-Verhältnis" am 18. Februar 1983 abgegeben. Der Vortrag ist seit einem Jahr in Druck. Die offizielle Reaktion auf ihn entsprach dem hier Angedeuteten.

für eine solche Aufgabe zwar als kompetent, aber als „in seiner Kompetenz eng begrenzt. ... Er vermag die ethische Kultur in bescheidenem Umfang zu fördern und zu pflegen. Aber er kann sie nicht von sich aus organisieren, ohne die Freiheit zu zerstören. Sie muß im wesentlichen ‚von unten' her wachsen. Der religiös und weltanschaulich neutrale Staat ist unfähig, der Grundrechtsfreiheit die Ziele und Inhalte zu geben. Der Staat lebt also von einer ethischen Substanz, die sich im wesentlichen seiner Macht entzieht. Er kann das Paradoxon der Freiheitsrechte nicht auflösen" (ISENSEE 1981, 99/100). Ist der Staat nun zwar unfähig, der Grundrechtsfreiheit konkrete Ziele und bestimmte Inhalte zu geben, so wird aber gleichzeitig von diesem freiheitlichen System, dessen Existenz durch die Verfassung garantiert ist, erklärt, daß es daraus lebe, daß Grundrechtsfreiheit sich in Bürgertugend umsetzt. Ein solches Ethos als Voraussetzung des freiheitlichen Systems bilden zu helfen wird damit eine Anforderung an den Pädagogen in einer Staats-Institution, zumal wenn er auf die Verfassung und damit auf das freiheitliche System vereidigt und verpflichtet worden ist. Mit dem politischen ist also zugleich ein moralischer Bildungsauftrag und mit dem moralischen zugleich ein politischer Bildungsauftrag verbunden. Insofern setzt auch LESSING als Voraussetzung für die Lebendigkeit von Grundrechtsnormen und Grundrechtswerten eine „sittliche Grundrechtskultur" an (LESSING 1981, 100/101).

Das Verbindlichwerden der Verfassung ergibt sich mir damit als das Verbindlichwerdenlassen von Grundwerten zur Ermöglichung einer sittlichen Grundrechtskultur, d.h. eines moralischen, sprich verantwortlichen Gebrauchs von Freiheit im Denken und Handeln. Das kann und soll zu der Einsicht verhelfen, daß man eben nicht alles machen darf, was man kann, weil man es nicht verantworten kann, so zu handeln, wie man könnte. Dieses angemahnte moderne Freiheitsethos betrifft jeden einzelnen von uns im täglichen Leben in diversen professionellen und nichtprofessionellen Handlungsfeldern. Kennzeichnend für die gegenwärtige Situation ist die Zunahme der Ohnmacht des Subjekts, verantwortlich handeln zu können. Grund und Ursache dafür sind mangelnde Sachkompetenz, eine auf Bedürfnisbefriedigung, Lebensqualität, Bequemlichkeit und Sorgenlosigkeit wie Mühelosigkeit ausgerichtete Lebenseinstellung mitsamt einer verbreiteten utilitaristischen und fortschrittseuphorischen Werthaltung (das Wünschenswerte, das jeweils Bessere, Vollkommenere als das Wertvolle) und eine kaum noch mögliche adäquate Folgen- und Folgenlastabwägung. All dies grenzt die Handlungsmacht des Subjekts ein und löst den Ruf nach handlungsfeldbezogenen Bereichsethiken aus, um Kontrollvernunft gründen zu können.[5] Die noch hinzutretende „kumulative Dynamik technischer Entwicklungen" (Hans JONAS) führt verbreitet zur Forderung einer neuen zukunftsgerichteten ethischen Durchdringung unseres Handelns, zu „neuen Regeln der Ethik und vielleicht sogar (zu) eine(r) neuartige(n) Ethik", wie sie JONAS grundzulegen sucht (JONAS

---

[5] Sehr ausführlich und nachdrücklich habe ich die Notwendigkeit von Fachethiken angesichts der Krise von Kontrollvernunft zu begründen versucht in: Das Dilemma eines verantwortbaren Fortschritts. In: Vierteljahrsschrift für wissenschaftliche Pädagogik 60, 1984, Heft 3. Im Druck.

1979, 58). *Dieses neue Ethos der Kompetenztragenden,* mithin *diese neue Moral, wäre eine solche, die weniger nach der Materialität der Werte* (ihrer Inhaltlichkeit) *fragt als nach dem Umgang mit der Forderung, verantwortetes, wertiges Handeln aufgrund eigener Entscheidung an den Tag zu legen.* Grundwerte also, wie sie dem Pädagogen in der ihn verpflichtenden Verfassung vorgegeben sind, wären weniger in ihrer Inhaltlichkeit, als vielmehr in ihrer Aufgabenhaftigkeit dem Heranwachsenden verständlich zu machen. Das heißt: auch in ihrer Aufgabenhaftigkeit, ihrem jeweiligen Inhalt durch gedankliche Anstrengung nahezukommen. Wie kann der Pädagoge das für seinen Tätigkeitsbereich in der Staatsschule verstehen, insofern ihn ja auch relativ konkrete, in Erziehungszielformulierungen gebrachte Werte in die Pflicht nehmen?

Wenn von Grundrechten der Verfassung gesprochen wird, dann sind gemeint: Würde des Menschen, Freiheit der Person, Recht auf Leben, Glaubensfreiheit, Gewissensfreiheit, Bekenntnisfreiheit, Meinungsfreiheit, Pressefreiheit, Berichterstattungsfreiheit, Freiheit von Kunst und Wissenschaft, Forschung und Lehre (GG I, 1 – 5). Diese Grundrechte beruhen auf Grundwerten, die in den beiden Grundwerten „Freiheit" und „Würde des Menschen" kulminieren. In den Landesverfassungen werden unter Rückgriff auf die Grundrechte und Grundwerte des Grundgesetzes jeweils katalogartig Erziehungsziele aufgeführt. In der Landesverfassung von Nordrhein-Westfalen beispielsweise finden diese sich in Artikel 7, 1 – 2 in Verbindung mit Artikel 4: „Die im Grundgesetz für die Bundesrepublik Deutschland in der Fassung vom 23. Mai 1949 festgelegten Grundrechte und staatsbürgerlichen Rechte sind Bestandteil dieser Verfassung und unmittelbar geltendes Landesrecht" (Artikel 4). Als Erziehungsziele werden dann genannt: „Ehrfurcht vor Gott, Achtung vor der Würde des Menschen und Bereitschaft zum sozialen Handeln zu wecken, ist vornehmstes Ziel der Erziehung"; als weitere Erziehungsziele werden dann aufgeführt: „Demokratie", „Freiheit", „Duldsamkeit", „Achtung vor der Überzeugung des anderen" (Artikel 7, 1 – 2). Die genannten Erziehungsziele sind ebenso wie die zuvor genannten Grundwerte jeweils der Auslegung bedürftig, um sie materialisieren zu können. Auch dies müßte der Umgang mit der Verfassung für den Lehrer zur Aufgabe haben, der ihren Geist verbindlich werden lassen soll.[6]

Gedenken wir der oben getroffenen Feststellung, daß der Lehrer in der Regel vereidigt ist auf die Verfassung. Nehmen wir als Faktum hinzu, daß die Verfassung – wie ausgeführt – Wertvorgaben macht, die im Grundrechtskatalog des Grundgesetzes verankert sind, wie sie auch in den Landesverfassungen ihren Niederschlag gefunden haben. Der Lehrer ist also auf diese Wertvorgaben vereidigt, er hat sich für sie praktisch einzusetzen – aber er hat sich zugleich in „strikter Wertindifferenz" zu üben, wie der Verfassungsrechtler Hans-Ulrich EVERS das fordert (EVERS 1979, 74, 102). Dies führt zu einem Problem: Kann man Grund-

---

[6] Ich verweise hierzu auf meine diesbezüglichen Ausführungen vor der Sektion Pädagogik der Görres-Gesellschaft unter dem Thema „Staatsschule und Werterziehung", in: Vierteljahrsschrift für wissenschaftliche Pädagogik 58, 1982, S. 20–47.

werte verbindlich werden lassen, ohne der Forderung nach völliger Zurückhaltung in Sachen Werten (der genannten strikten Wertindifferenz) zuwiderzuhandeln? Also: kann man das eine tun und das andere nicht lassen? Oder hat der Staatsrechtler Peter HÄBERLE recht, wenn er erklärt: „Ein inhaltlich enger Zusammenhang zwischen schulischer Erziehung und Verfassung darf, ja sollte hergestellt werden", „der Staat wird qua Erziehungsziele für Grundwerte mitverantwortlich", weshalb eine „pädagogische Verfassungsinterpretation" erforderlich würde? (HÄBERLE 1981, 52, 71).

III.

Wenn es heißt, daß der Lehrer die Verfassung, d.h. ihre sie fundierenden Grundwerte, verbindlich werden zu lassen habe, um eine sittliche Grundrechtskultur oder ein Ethos, von dem der Rechtsstaat abhängig ist, zu fördern, dann ist dies ein moralischer Anspruch, der an ihn ergeht. Deutlich wird dies auch in folgender jüngster Äußerung des Staatsrechtlers Martin KRIELE: „Die Grundlage einer auf Gleichberechtigung beruhenden politischen Kultur ist die gegenseitige Rücksicht und Vertrauenswürdigkeit, die Achtung vor dem anderen, vor seiner Würde und seinen Rechten, die schamhafte Scheu, ihm zu nahe zu treten. CICERO nannte sie „verecundia", ein Ausdruck, der zugleich einen religiösen Einschlag hat und soviel heißt wie „fromme Ehrfurcht" ... Zur politischen Kultur unserer Verfassung gehört es, um der Rechte anderer und der Gemeinschaft sowie um der demokratischen Gleichberechtigung aller willen die Gesetze zu achten, jedenfalls dann, wenn diese nichts Diskriminierendes haben" (KRIELE 1984). Wenn ich eben sagte: moralischer Anspruch, dann bedeutet das, daß der Lehrer in diese Verantwortung für diese Aufgabe genommen ist. Trägt der Lehrer diese Verantwortung, dann ist er zu einer Wertentscheidung aufgerufen, die er in wohlbegründeter Weise vertreten können muß, einmal vor dem Anspruch der Verfassung und zum anderen vor dem künftigen eigenständigen Verantwortungsträger „Schüler", den er ja um nichts in seiner Subjekthaftigkeit prellen darf: der Schüler – gleich welchen Alters – ist ein Normensubjekt wie er selber (vgl. LÖWISCH 1981). Wie ist eine solche positive Entscheidung legitimierbar?

Die Wertvorgaben der Verfassung sind traditionsgestiftet. Die Verfassung ist geschriebenes Recht, die in ihr verankerten Grundrechte und Grundwerte sind dabei unmittelbar geltendes Recht. Die Verfassung stellt eine Festschreibung von traditionsgestifteten Wertvorstellungen des abendländisch-christlichen Kulturkreises dar; die in der Verfassung verankerten Werte sind die einer Kulturgemeinschaft und mithin die die Kultur tragenden Sinnmomente. Wir können mithin auch von Kulturwerden reden. Mit der Festschreibung dieser Kulturwerte und mit der Fixierung ihres Geltungsanspruches wird eine allgemeine kulturelle Verbindlichkeitserklärung vorgenommen: Für diesen abendländischen Kulturkreis, der eine Verfassung mit dieser Substanz (und eben nicht mit einer moslemischen oder jüdischen oder buddhistischen Substanz) hervorgebracht hat, sollen bestimmte Grundwerte und deren Folgewerte, resp.

deren Folgeerziehungsziele, gelten. Die Wertvorgaben der Verfassung sind zu verstehen als Kulturwertvorgaben; die Verfassung selber ist anzusehen als ein Kulturgut. Der Umgang mit der Verfassung ist also auch ein Umgang mit einem Kulturgut. Damit erweist sich der Umgang mit den Wertvorgaben der Verfassung (wie mit der Verfassung überhaupt) als ein pädagogisches Vorhaben, das mit dazu in der Lage sein kann, dem Schüler Kultursinn zu entdecken. Dies mag dazu beitragen, daß die Jugend nicht des Kultursinnes verlustig geht und die „Jungen" nicht Kultur „wie eine Bananenschale" fallen lassen, wie dies Hartmut von HENTIG vor wenigen Jahren diagnostiziert und prognostiziert hat (v. HENTIG 1978, 28ff). Die Verantwortung des Lehrers ist also auch derart, daß er Verantwortung trägt für den spezifischen Kultursinn, in dem der Schüler heranwächst und dessen Tradierung er nach einem abgeschlossenen schulischen Bildungsgang in zeitentsprechender Weise selber einmal vornehmen soll. Denn die Annahme, daß das Kind künftiger Verantwortungsträger sei und das Ethos des Lehrers von dieser sich bildenden Verantwortlichkeit bestimmt sei, gilt auch mit Blick auf die Überantwortung der Kultur den nachwachsenden Verantwortungsträgern für diese Kultur. Das bedeutet für den Lehrer, daß er angesichts der ihn verpflichtenden Verfassung und angesichts der Aufgabe, dem Schüler zu einem künftigen aktiven Kulturträger sich entwickeln zu helfen, auch mit Blick auf die Verfassungswerte, Wertevermittlung betreiben soll. Unter „vermitteln" verstehe ich hier nicht das Weitergeben eines unbezweifelbaren richtigen Wissensbestandes (nicht das Etwas-Vermitteln), sondern ich meine das Miteinander-Vermitteln, das Verfahren eines Unterhändlers, den Anspruch von Wertvorgaben der Verfassung mit dem Anspruch der grundsätzlichen Unverfügbarkeit des Schülers und seiner grundsätzlichen Personalität in Vereinbarung zu bringen, mithin zu vermitteln. Statt von dem gebräuchlichen Wertevermitteln spreche ich dennoch lieber von *Wertorientierung*. Was ist mit Wertorientierung gemeint?

Unter Werten seien Prinzipien verstanden, unter denen das jeweilige Tun des Menschen einen entsprechenden Sinn erhält, so daß aus dem Tun ein verantwortetes Handeln wird. *Werte erweisen sich so als Sinnkriterien für die diversen Handlungsbereiche des Menschen, für seine diversen Praxeis. Diese Sinnkriterien tragen eine regulative Bedeutung.* In Anerkennung dieser Bedeutung soll das Individuum seine Verantwortlichkeit bewähren, indem es sein geplantes oder von ihm abverlangtes Handlungsvorhaben auf ihre Ansprüche hin argumentativ überprüft und kontrolliert. Mit Wertreflexion und Wertentscheidung, Sachwissen und Folgenverantwortlichkeit gewinnt das Individuum Handlungsmacht: es wird mächtig, zu handeln statt einfach Verhalten an den Tag zu legen. Ihm kommt das Ethos des Kompetenztragenden zu, und es vermag dieses Ethos umzusetzen in Praxeis. Gleichzeitig vermag es sich freizuhalten oder zu befreien von einer Handlungsohnmacht, die es immer befällt, wenn es unter anderem zwischen konfligierenden Handlungsvorhaben nicht wertig zu entscheiden vermag. Es bindet sich dabei argumentativ, das heißt: mit Gründen; und auch in der argumentierten Nichtbefolgung dokumentiert das Argumentieren des Nichtbefolgens die Suche nach einem anderen Sinn als dem ursprünglichen. Demzufolge ist auch das argumentierte Nichtbefolgen eine wertige Entscheidung, d.h. eine argumentierte anerkennende Befolgung eines anderen als des ursprünglichen Sinnkriteriums. Ob der Schüler den Religionsunterricht mit 14 Jahren beispielsweise abwählt oder nicht, beruht – wenn Abwahl oder Beibehaltung jeweils eine zurechenbare Handlung sein soll – auf einer Wertentscheidung derart, daß er mit Gründen für oder gegen den Religionsunterricht votiert und sich damit um Sinn, d.h. um den Wert des Unterrichtes gedanklich bemüht. Dadurch wird es auch möglich, sinnvolle, d. h. wertige Entscheidungen abzuheben von zweckmäßigen oder bedürfnisorientierten Entscheidungen und ihnen eine andere Dignität zu geben: die Abwahl des Religionsunterrichtes aus einem nicht in ihm selbst liegenden Grunde, beispielsweise daß der Religionslehrer einem nicht zusagt, oder die Beibehaltung des Religionsunterrichtes, weil beispielsweise eine gute Note mehr im Gesamtleistungsbild des Schülers positiv ins Gewicht fällt, wäre in diesem Zusammenhang nicht als sinnvolle, wertige Entscheidung anzusehen. Wohl handelte es sich um eine zweckmäßige oder bedürfnisorientierte Entscheidung.

Wertorientierung, um die es mir hier geht, ist also als Sinnorientierung zu sehen, aufgrund derer man überhaupt erst in die Lage versetzt wird, ein Verhalten als sinnvolles, wertiges Handeln auszuweisen.

Eine so verstandene *Wertorientierung ist eine Orientierung über die Notwendigkeit, sein Tun auf seinen vertretbaren Sinn hin zu bedenken und gleichsam abzuklopfen, um auch selber als Person dahinterstehen zu können.* Sich selber um den Sinn seines Handelns, um den Wert seines Handelns zu bekümmern, um dessen Verantwortbarkeit mithin, ist angezeigt unter der Voraussetzung, daß im Falle der einzelne selber für sein Handeln geradestehen muß; er kann grundsätzlich seine Verantwortlichkeit nicht an jemanden anderen oder an eine Institution delegieren, auch wenn er es faktisch tun mag: Ob der Arzt passive Euthanasie – strafrechtlich zugelassen – betreibt in Form von Therapieunterlassung oder von Therapieabbruch, um dem Patienten eine unnötige Qual oder um ihm ein unwürdiges Sterben zu ersparen, oder ob der Videohändler den Zugang zu bestimmten pornographischen Filmen oder gewaltfördernden Horror-Produktionen aus geschäftlichen Zwecken einem minderjährigen Kundenkreise durch Tricks ermöglicht oder ob ein Elternteil aus übertrieben liberaler Haltung heraus seinen Kindern keine abendlichen Ausgangsbegrenzungen auferlegt oder ob der Lehrer sich um die Aufdeckung des Verantwortungshorizontes des im Unterricht vermittelten wissenschaftlichen Fortschritts herummogelt zugunsten der Annahme eines alleinigen Gebrauchshorizontes dieses Wissens, – immer wird der Betreffende zur Rechenschaft für sein Handeln gezogen werden. Um dem auch entsprechen zu können, bedarf man einer aufgeklärten Verantwortungsverpflichtetheit, die in der Vernünftigkeit des Menschen gründet. Dabei wird ihm nichts aufgepfropft; eine Wertorientierung im vorhin definierten Sinne ist eine Vernunftnotwendigkeit.[7]

---

[7] Zum Thema „Wertorientierung" (Grundlegung, Methodisches, Begriffliches) äußere ich mich ausführlich in: Dieter-Jürgen LÖWISCH: Zur Notwendigkeit von

IV.

Die Verantwortung des Lehrers als Erzieher ist also *die vor der künftigen Handlungsmacht des Schülers.* Auf diese Handlungsmacht des Subjektes kann im Bereich schulischer Erziehung der Pädagoge aber nicht nur aus Gründen der zu achtenden Personalität des Schülers nicht verzichten. Die Gesellschaft oder das Gemeinwohl ist ihrerseits voll auf die Handlungsmacht des Subjektes angewiesen, denn das Gemeinwohl ist abhängig vom Ethos seiner Träger. Dieses Ethos, das es zu bilden gilt, ist das Ethos, ohne das der demokratische Rechtsstaat – wie ISENSEE dies zu Recht so bezeichnet hat – alles zu verlieren hat (ISENSEE 1977 a, 111). Es ist das eingangs bezeichnete „moderne Freiheitsethos" als „Ethos des Gemeinwohles". So wie der Erzieher in behutsamer dialogischer Weise Wertorientierung betreiben muß, um verantwortetes Handeln zu ermöglichen, so trägt er auch Verantwortung für die Grundwerte der Verfassung und die in die Verfassung eingebrachten wertbezogenen Erziehungsziele – vor allem für die, die nicht unbedingt Bestandteil wertorientierender Familienerziehung sind, wie für solche, die die familiäre Wertorientierung zu ergänzen vermögen oder die auch als künftige Korrekturmöglichkeiten der familiären Wertorientierung vom Schüler als Normensubjekt angesehen werden können.

Wenn die verantwortetes Handeln ermöglichenden regulativen Werte jeweils auf den anstehenden Fall und die jeweilige Situation bezogen interpretiert werden müssen, bedeutet das, daß sie unter dem materialen Aspekt keine invarianten Handlungsregulative sein können. Der Wandel der Werte in ihrer Inhaltlichkeit charakterisiert die Dynamik der Kultur. Von der kulturellen Fortentwicklung (worunter auch die gesamte technische und wissenschaftliche Fortentwicklung zu rechnen ist) ist auch das inhaltliche Werteverständnis abhängig. Das heißt, Werte als Sinnprinzipien für das Handeln sind einer Dynamik unterworfen, sie sind verwiesen auf die jeweilige Zeit, in der und unter deren Bedingung sie konkret werden sollen. Das Wahre der Physik war zu Zeiten NEWTONS etwas inhaltlich anderes als heute, das moralisch Gute findet sich bei PLATON und ARISTOTELES anders verstanden als bei AUGUSTINUS oder THOMAS von AQUIN oder als bei LESSING oder KANT oder in einer zeitgenössischen utilitaristischen Ethik oder in einem marxistischen Ethikverständnis. Der ästhetische Sinn ist zu verschiedenen Epochen je anders und dabei auch noch unterschiedlich verstanden worden. Diese Überlegungen betreffen auch die in der Verfassung verankerten Grundwerte. Daß „Menschenwürde" heute angesichts von technischer und technologischer Entwicklung und wissenschaftlicher Fortentwicklung eine neue Interpretation erfahren muß (man denke an den Bereich der Kommunikationstechniken, der Apparatemedizin, der Gentechnik) als im 17. und 18. Jahrhundert, ist ebenso einleuchtend wie die Frage, ob „Arbeit" als Sinnerfüllung menschlichen Lebens infolge der absehbaren umfangreichen Abnahme von Arbeitsmöglichkeiten durch den technischen Fort-

---

Wertorientierung in der öffentlichen Schule. In: Renovatio-Zeitschrift für das interdisziplinäre Gespräch, 40. Jg. 1984 (im Druck).

schritt nicht eine neue Interpretation erfahren muß. Werte stehen generell in ihrer inhaltlichen und interpretatorischen Aufarbeitung relational, d.h. in bezug zur jeweiligen Zeit, Epoche, sie sind damit aber nicht relativistisch, d.h. verkürzt und verarmt um ihre Bedeutung, zu sehen.

Wenn ich den Schüler im Rahmen von Wertorientierung über die grundsätzliche Wertbezogenheit menschlichen Handelns orientiere und ihn gleichzeitig orientiere über die Pluralität der mit Geltungsanspruch auftretenden Werte und ihn des weiteren orientiere über den von ihm zu erwartenden Umgang mit den ihn fordernden Werten, dann muß ich ihm auch helfen, durch Interpretation Einsicht zu gewinnen, was überliefertes Wertegut hier und heute angesichts einer abgeforderten oder geplanten Handlung jeweils fallbezogen und situationseingebunden inhaltlich bedeuten kann. Das erfordert auch einen hermeneutischen Umgang mit Verfassungswerten und ihnen entsprechenden Erziehungszielen. Hat man sich mit dem Schüler um ein Verständnis beispielsweise der Vorstellung von „Menschenwürde" zu bemühen, so ist man gehalten, dieselben Bemühungen auch um ein Erziehungsziel wie „Ehrfurcht vor Gott" anzustellen. Ein solches Ziel muß in einer durch Wissenschaft und Technik charakterisierten und säkularisierten Welt auslegbar sein und ausgelegt werden können; falsch erscheint es mir, dem common sense nachzugeben und es durch ein anderes Ziel wie „sittliche Persönlichkeit" zu ersetzen (vgl. EVERS). Einen solchen ersten Auslegungsversuch dieses Erziehungszieles habe ich selbst vorgenommen und veröffentlicht (LÖWISCH 1983a).

Da wir nicht in einer geschlossenen Gesellschaft leben, sondern in einer Gesellschaft, die die Freiheit des einzelnen zum Prinzip und zur Verpflichtung erhebt, kann Wertorientierung auch nicht zu einer inhaltlichen Wertübereinstimmung oder zu einem inhaltlichen Wertkonsens führen. Wertorientierung soll statt dessen dahin führen, verantwortbare Entscheidungen im Sinne wertiger Entscheidungen zu treffen in einer dynamischen, offenen, wissenschaftsbezogenen und hochtechnisierten Gesellschaft. Das moderne Freiheitsethos, für das die Verfassung steht, fordert den Geist der Verantwortung als das Ethos aller, die Kompetenzen tragen. Diesen Geist der Verantwortung, einer zukunftsgerechten Verantwortung für alle Praxisfelder, alle Nahverantwortungen und Fernverantwortungen, bindet der Philosoph Hans JONAS im „Prinzip Verantwortung" als dem Grundprinzip zeitgenössischer Ethik zusammen. Freiheitsethos und Verantwortungsprinzip bedingen sich wechselseitig. Der Umgang mit der Verfassung hat hierauf als dem Geist der Verfassung entsprechend ausgerichtet zu sein. Wenn derartiges unter dem Verbindlichwerdenlassen der Verfassung im Sinne eines Verbindlichwerdenlassens von Grundwerten zur Ermöglichung einer sittlichen Grundrechtskultur, d.h. eines moralischen, sprich verantwortlichen Gebrauchs von Freiheit im Handeln, verstanden werden kann, dann erscheint mir die jüngste Forderung des Pädagogen Wolfgang BREZINKA als anfechtbar: BREZINKA fordert eine „von allen verinnerlichte zentrale Moral" in Form eines „Minimalkonsenses von Tugenden".[8] Eine zentrale Moral, die für alle verbindlich ist,

---

[8] In: „Die Welt" vom 24. Jan. 1984.

entspricht jedoch nicht dem Gebot sowohl unserer Verfassung als auch dem Verständnis eines heutigen traditionsbedingten Kultursinnes. *Eine zentrale Moral für eine ganze Gesellschaft oder Kulturgemeinschaft gibt es im Rahmen eines freiheitlichen Demokratieverständnisses nicht mehr,* kann es nicht geben und darf es nicht mehr geben: Es gibt keine Instanz, die in einer pluralistischen freien Gesellschaft eine zentrale Moral zu formulieren, umzusetzen und deren Einhaltung zu kontrollieren befugt wäre. Auch diese Erkenntnis ist ein Ergebnis des Verbindlichwerdenlassens der Verfassung.

Die Verfassung – das Grundgesetz – ist nicht die Kodifizierung einer zentralen Moral; die Verfassung unserer liberalen Demokratie speist sich aus der grundrechtlichen Legitimationsquelle, der der Autonomie des Individuums. Die Verfassung formuliert in Rechtstiteln mit Rückgriff auf Grundwerte und Grundrechte das erörterte moderne Freiheitsethos. Insofern enthält die Verfassung, wie ISENSEE formuliert, „den ethischen Grundkonsens der Nation" (ISENSEE 1977b, 546). Dieser ethische Grundkonsens ist aber nicht zu verwechseln mit einem inhaltlichen Wertekonsens als zentraler Moral, den es in einer offenen pluralistischen Gesellschaft nicht geben kann. *Der ethische Grundkonsens, legitimiert durch die Autonomie des Individuums, ist zu verstehen als die Einsicht, daß wertgebundenes Handeln im Sinne von sinngebundenem und Verantwortung forderndem Handeln vernunftgeboten ist und daß die Mannigfaltigkeit der werthaften Selbstbestimmungsmöglichkeiten eine Aufgabe ist, der der Handelnwollende mit Notwendigkeit nachzukommen hat, wenn er handlungsmächtiges Subjekt sein will.* Ich erwähne, daß auch die Gesellschaft oder das Gemeinwohl ihrerseits voll auf diese Handlungsmacht des Subjektes angewiesen sind, da das Gemeinwohl, bei ISENSEE die Nation, bei mir auch die Kulturgemeinschaft, abhängig ist vom Ethos seiner Träger. Es dürfte damit einigermaßen deutlich umrissen sein, inwiefern der Lehrer der Staatsschule verantwortlich ist für das Verbindlichwerden der Verfassung, ihrer Werte und Erziehungsziele und ihres Geistes als dem ethischen Grundkonsens, und das heißt: dem modernen Feiheitsethos.

Literatur

CARSTENS, Karl, Ansprache, Bulletin Nr. 112, Presse- und Informationsamt der Bundesregierung, 23. Oktober 1980.

EVERS, Hans-Ulrich, Die Befugnis des Staates zur Festlegung von Erziehungszielen in der pluralistischen Gesellschaft, Berlin 1979.

HÄBERLE, Peter, Erziehungsziele und Orientierungswerte im Verfassungsstaat, Freiburg/München 1981.

HENTIG, Hartmut von, Was ist eine humane Schule? München [4]1978.

ISENSEE, Josef, Demokratischer Rechtsstaat und staatsfreie Ethik. In: Essener Gespräche zum Thema Staat und Kirche, Nr. 11, Münster 1977a, S. 102–118.

– Verfassungsgarantie ethischer Grundwerte und gesellschaftlicher Konsens. In: Neue Juristische Wochenschrift, 30. Jg., Heft 13, 1977b, S. 545–551.

– Wer definiert die Freiheitsrechte? Heidelberg, Karlsruhe 1980.

- Menschenrechte – Staatsordnung – Sittliche Autonomie. In: Joh. SCHWART-LÄNDER (Hrsg.): Modernes Freiheitsethos und christlicher Glaube. München/Wiesbaden 1981, S. 70–103.
- Widerstand gegen den technischen Fortschritt. In: Die öffentliche Verwaltung, 36. Jg., Heft 14, 1983, S. 565–575.

JONAS, Hans, Das Prinzip Verantwortung, Frankfurt a. M. 1979.
KRIELE, Martin, Ziviler Ungehorsam als moralisches Problem. In: Frankfurter Allgemeine Zeitung, Nr. 60, 10. März 1984.
LÖWISCH, Dieter-Jürgen, Erziehung als Herausbildung des Normensubjekts. In: Vierteljahrsschrift für wissenschaftliche Pädagogik 57, 1981, S. 308–318.
- Staatsschule und Werterziehung. In: Vierteljahrsschrift für wissenschaftliche Pädagogik 58, 1982a, S. 20–47.
- Einführung in die Erziehungsphilosophie, Darmstadt 1982b.
- Verfassung als Erziehungsprogramm? In: Politische Studien 33, 1982c, S. 666–677.
- Ehrfurcht vor Gott – wie kann man dieses Erziehungsziel erreichen? In: Evangelische Akademie Baden: Ehrfurcht vor Gott und andere Erziehungsziele – Zur Lehrplanrevision in Baden-Württemberg, Evangelische Akademie Bad Herrenalb, Protokoll Nr. 823, 1983a, S. 26–33.
- Moralische Erziehung als Fundament einer humanen Schule. In: „Bildung und Erziehung – Notwendige Korrekturen im Schulverständnis?" Hanns-Martin-Schleyer-Stiftung Köln 1983b, S. 47–59.
- Das Dilemma eines verantwortbaren Fortschritts. In: Vierteljahrsschrift für wissenschaftliche Pädagogik 60, 1984a, Heft 3 (im Druck).
- Zur Notwendigkeit von Wertorientierung in der öffentlichen Schule. In: Renovatio-Zeitschrift für das interdisziplinäre Gespräch 40, 1984b, im Druck.

LÜBBE, Hermann: Zeit-Verhältnisse. Zur Kulturphilosophie des Fortschritts. Graz, Wien, Köln 1983.

Anhang

Gerhard Fuest

Lehrerbildung als Beitrag zur Heranbildung eines Lehrerethos – Elemente der Diskussion in der Arbeitsgruppe[1]

1. Die Erörterung des Themas begann mit dem Vortrag folgender Thesen:
Die Frage nach dem Ethos des Lehrers hat durch Verwissenschaftlichung der Lehrerbildung zunehmend an Bedeutung verloren. Ein additives Nebeneinander der Disziplinen in den Erziehungswissenschaften erschwert in der Lehrerbildung die Einsicht in den Begründungszusammenhang der erziehungswissenschaftlichen Disziplinen.

Unter dem Stichwort „Philologisierung der Ausbildung" gerät die pädagogische Frage, an wen die Sache (Pädagogik) vermittelt wird, zunehmend aus dem Blick. Es ist ein Abbau des Pädagogischen in der ersten Phase der Lehrerausbildung festzustellen.

Das führt häufig zu einer Dichotomie von Fachunterricht und Erziehung: Durch die von der Institution vermittelte harte Unterscheidung zwischen Unterrichts- und Erziehungsfunktion des Lehrers halten sich junge Lehrer oft nur für erstere (für das Unterrichten) zuständig. Der Grund für diese Dichotomisierung liegt auch in der Geschichte der Lehrerbildung: Nach dem 2. Weltkrieg wurde (noch in den Pädagogischen Akademien) die Frage nach dem Lehrer-Ethos (von und in Wissenschaft und Bildung) am stärksten gestellt. Zur Zeit ist dagegen das Studienkonzept im Hinblick auf eine Verknüpfung von Theorie und Praxis gekennzeichnet durch die Ausblendung dieses Themas aufgrund konsequenter Fachausbildung in der ersten und pädagogischer Ausbildung in der zweiten Phase. Zusätzlich erschwert ein positivistisches Wissenschaftsverständnis in der heutigen Lehrerbildung die Frage nach dem Ethos. So liegt auch der Hauptvorwurf der Studenten gegenüber der Hochschule darin, daß sie zu wenig Ethos vermittelt. Als Folge für den Beruf ergibt sich daraus eine Rollen- und Verhaltensunsicherheit, die den Lehrer nur noch als Schauspieler agieren läßt.

2. In der Diskussion wurde darauf hingewiesen, daß sich an der Geschichte der Lehrerbildung vom Beginn des vorigen Jahrhunderts an, aufgrund der wachsenden Philologisierung des Lehrerberufs, ein kontinuierlicher Abbau des Pädagogischen feststellen läßt. In diesem Prozeß ging seit 1965 auch die Bindung der Pädagogik an Philosophie und Theologie verloren. Der Entwicklung in der Lehrerbildung entspricht im Berufsverständnis ein Wandel zum Jobdenken und zur Ausdifferenzierung der Professionalität. Zudem ist die Lehrerbildung der Gegenwart noch nicht einmal so sehr durch „Professionalisierung", sondern durch „Technologisierung" gefährdet, die sich auch daran erkennen läßt, daß die Lehrerbildung und -weiterbildung zunehmend von den Hochschulen in Gesamtseminare und Staatsinstitute verlagert wird.

---

[1] Die vorliegende Zusammenfassung des Diskussionsverlaufs beruht vor allem auf einleitend vorgetragenen Thesen von Rita SUESSMUTH sowie auf Beiträgen von Gerhard DELLMANN, Marian HEITGER, Rudolf HÜLSHOFF, Rudolf KECK, Dieter-Jürgen LÖWISCH, Paul OSWALD, Wolfgang RITZEL, Franz-Josef WEHNES und Wilhelm WITTENBRUCH.

Lehrerbildung als Beitrag zur Heranbildung eines Lehrerethos 65

Die Gründe für diese Entwicklung liegen zum Teil in institutionellen Bedingungen (Massenuniversität); aber auch die Hochschullehrer selbst sind „Verursacher der beklagten Misere". Die von ihnen unterstützte Philologisierung der Ausbildung und ihr Bemühen um eigene Professionalisierung lassen sie z. B. die schulpraktischen Studien häufig als einen minderen Teil des Lehrstudiums ansehen.

3. Für die Lehrerstudenten wurde die Erwartung ausgesprochen, daß bei ihnen allein schon durch die Berufswahl ein Ethos vorausgesetzt werden könne, an das sich bei der weiteren Ausbildung anknüpfen lasse. Gegen diese optimistische Erwartung wurde eingewendet, daß viele Studenten im Lehrerberuf nur eine Verlegenheitslösung sehen und daher von einer durch ein Ethos motivierten Entscheidung nicht gesprochen werden kann. Andere Studenten finden zum Lehrerstudium aufgrund eines weitzielenden Engagements, das dann zum Scheitern verurteilt ist, wenn es etwa um die Frage geht: Was kann ich an diesem Vormittag für diese Kinder tun? Das in diesem Engagement sichtbar werdende Helfersyndrom ist nicht identisch mit dem hier gemeinten pädagogischen Ethos. Eine dritte Gruppe von Studenten besitzt pädagogisches Ethos, wird aber in ihrem Bemühen an der Hochschule allein gelassen.

4. Dieser zuletzt angesprochene Gesichtspunkt führte zu der Frage zurück, was an der Hochschule bzw. von den Hochschullehrern getan werden müsse, damit auch unter den gegebenen strukturellen Bedingungen eine Ausbildung von Ethos möglich werden kann. Die wissenschaftliche Spezialisierung, wie sie im In- und Ausland sichtbar ist, bewirkt einen Zerfall auch der Pädagogik in zahllose Einzeldisziplinen und macht ihre Rückbindung an Philosophie und Theologie zunehmend schwerer. Trotzdem muß sie zurückfinden zu einer Wissenschaft, die Ansprüche an Haltung und Ethos stellt. Wenn die Pädagogik als Wissenschaft die Frage nach der Würde des Menschen als Begründung des Ethos auch nur begrenzt thematisieren kann, muß sie diese zumindest exemplarisch in ihrer Geschichte immer wieder aufweisen. Ziel muß es dabei sein, den Studenten ein pädagogisches Ethos zu vermitteln, wie es in einer Formulierung der niedersächsischen Richtlinien für die Volksschule von 1951 erwartet wird: „Der Lehrer soll den Kindern verläßlich gut sein."

Josef Saxler, Gerd-Heinrich Neumann

Gibt es ein Ethos des Lehrers der naturwissenschaftlichen Fächer? – Einleitende Referate

Josef Saxler

1. Welche Haltungen bestimmen das Ethos des Lehrers der naturwissenschaftlichen Fächer?

Ethos kann man definieren als die sittliche Lebensgrundlage oder als das an Werten orientierte Sinnverständnis des Lebens. Da der Fachlehrer immer im allgemeinen Sinne Pädagoge ist, gilt für ihn das, was über ein allgemeines Lehrer-Ethos gesagt werden kann in gleicher Weise. Die Frage ist hier, ob der Lehrer der Naturwissenschaften ein spezielles Sinnverständnis seiner Aufgabe besitzen kann oder ob sein Ethos eine besondere Ausrichtung haben kann. Dieses besondere Sinnverständnis müßte aus der Auseinandersetzung oder aber aus der Identifikation mit den Naturwissenschaften erwachsen.

Die Naturwissenschaften gründen in dem Drang des Menschen, die Geheimnisse der Natur aufzuklären, zu erkennen, was die Welt im Innersten zusammenhält, und in dem Bestreben, sich vor den Naturkräften zu schützen, ja sie zu seinem Nutzen zu beherrschen. Diese Ziele haben die Menschheit immer fasziniert. Trotz aller mit fortschreitenden Naturwissenschaften und Techniken verbundenen Gefahren, wird sich dieser Trieb nicht einschränken oder gar ausrotten lassen. Es wäre sogar verhängnisvoll für die Menschheit, wenn dies geschähe. Er gehört vielmehr zu den unaufgebbaren Merkmalen sinnvollen menschlichen Lebens, d. h. zum Ethos des Menschen. Das Problem ist jedoch, welche Richtung Forschung und Technik einschlagen.

So gehört es zu den vielleicht wichtigsten Aufgaben des Lehrers der Naturwissenschaften, die Faszination des Neu-Entdeckens (I), das zumeist lediglich ein subjektiv für sich selbst Neu-Entdecken ist, zu wecken und zu fördern, und dies wiederum kann ein Lehrer nur dann, wenn er selbst etwas von diesem Forschergeist besitzt.

Naturwissenschaft strebt immer nach Sicherheit der Erkenntnis, nach Allgemeingültigkeit, nach zweifelsfreier geistiger und technischer Beherrschung der Natur; ihre Ergebnisse sollen also zwingend bewiesen, unbezweifelbar sein und ihre Voraussagen mit Sicherheit eintreten. Nur so ist Natur-Beherrschung möglich. Dies ist im allgemeinen auch das Wahrheitskriterium in den Naturwissenschaften. Um dies zu erreichen, sind äußerste Genauigkeit des Messens (II), Exaktheit des Denkens (III) und vorurteilsfreies, redliches Streben nach Wahrheit, Wahrhaftigkeit (IV) unverzichtbare Werte der Naturwissenschaften.

Die neueren Entwicklungen in den Naturwissenschaften haben gezeigt, daß Unbezweifelbarkeit, Verläßlichkeit, Übereinstimmung der Erkenntnisse mit einer – vom Menschen unabhängigen – Natur Grenzen haben. Die Einsicht in diese Grenzen erfordert kritisches Denken (V) und zwingt zur Bescheidenheit (VI).

Die Erkenntnis, daß naturwissenschaftliche Theorien immer nur Konstruktionen des Menschen sind und nur vereinfachte Modelle der Wirklichkeit sein können, die viele zum Teil unlösbare Fragen offenlassen, läßt es heute mehr denn je unwahrscheinlich erscheinen, daß auf diesem Wege die gesamte Wirklichkeit erfaßt, alle Welträtsel gelöst werden können. Somit muß Naturwissenschaft zwangsläufig offen sein für Transzendenz (VII) und damit auch offen sein für Gott (VIII). Das heißt aber keineswegs, daß ein Naturwissenschaftler notwendig an Transzendenz oder gar an Gott glauben müsse. Dennoch vertraut praktisch jeder Naturwissenschaftler

Gibt es ein Ethos des Lehrers der naturwissenschaftlichen Fächer? 67

darauf, daß es eine vom Menschen unabhängige Natur gibt, es würde ihm sogar absurd erscheinen, nach etwas zu forschen, das sich schließlich in Nichts auflösen wird; im allgemeinen glaubt er auch daran, daß die Erkenntnisse seiner Wissenschaft etwas Zutreffendes über jene absolute Natur aussagen. Somit vertraut er auf Transzendenz, die sich natürlich in invarianten Naturgesetzen erschöpfen könnte.

Exaktes Denken erfordert, die Schlüssigkeit der jeweiligen Denkprozesse zu überprüfen. Dabei zeigt sich, daß es voraussetzungslose Erkenntnis nicht gibt. Immer müssen zumindest Grundpostulate, Grundaxiome unbewiesen und unbeweisbar hingenommen werden. Während es die reine Mathematik nicht stört, ob ihre Axiome mit irgendeiner realen Wirklichkeit übereinstimmen, müssen die Naturwissenschaften darauf vertrauen, daß die von ihnen benutzte Mathematik und noch weitere zu setzende Axiome auf die Natur passen. Einstein hat dies als das eigentliche Wunder in den Naturwissenschaften bezeichnet. Aber auch die Mathematik hat erfahren müssen, daß sie die Setzung gewisser, zunächst logisch nicht verbotener Begriffe und Axiome in ein heilloses Gewirr von Selbstwidersprüchen führen kann. Ohne Offenheit für ein Grundvertrauen, d. h. für Glauben (IX) ist dem naturwissenschaftlichen und meines Erachtens auch dem mathematischen Denken das Fundament entzogen.

In allen Naturwissenschaften wird der Mensch selbst immer mehr zum Gegenstand der Forschung, ob es um Fragen der Zellstruktur, der Nervenleitung, der Erbinformation oder um die Aufklärung der Gehirnfunktion geht. Es stellt sich das Problem, wie weit der Mensch in seiner Totalität naturwissenschaftlich erklärt werden kann und ob überhaupt ein mit diesen Mitteln nicht aufklärbarer Rest bleibt. Der Mensch wird in einem beängstigenden Ausmaß nicht nur Objekt der Forschung, sondern auch der technischen Manipulation. Wo sind die Grenzen wissenschaftlich-technischer Verfügung über den Menschen? Damit stellt sich verschärft das Problem der Verantwortung der Wissenschaften und vor allem jedes einzelnen Wissenschaftlers für den Menschen und die Menschheit (X).

Die gleiche Frage stellt sich im Hinblick auf die Verfügung des Menschen über die Natur, über seine Umwelt. Es heißt zwar in der Bibel: „Macht euch die Erde untertan", damit war aber sicher nicht gemeint: zerstört sie. Die Lösung des Problems ist sicher nicht darin zu sehen, die Nutzung der Energien und der Rohstoffquellen einzustellen oder gar wissenschaftlich technische Forschungen zu unterlassen, sondern im Gegenteil darin, den Forschergeist zu stärken und die Forschungen zu intensivieren mit dem Ziel, hinreichend Wohlstand für alle zu erreichen und zugleich Umweltschäden zu vermeiden, sie jedenfalls in erträglichen Grenzen zu halten, d. h. die Bereitschaft zu verantwortungsvoller Umweltgestaltung (XI) zu fördern.

Zum Ethos des Lehrers der Naturwissenschaften sollten also gehören,
I   die Faszination des Neu-Entdeckens
II Genauigkeit des Experimentierens
III Exaktheit des Denkens
IV Wahrhaftigkeit
V   Kritisches Denken
VI Bescheidenheit
VII Offenheit für Transzendenz
VIII Offenheit für Gott
IX Bereitschaft zum Grundvertrauen
X   Verantwortung für den Menschen
XI Bereitschaft zu verantwortungsvoller Weltgestaltung
    zu vermitteln.

2. Kann dieses Ethos des Lehrers im Unterricht wirksam werden? Grundbedingung für das Wirksamwerden eines Ethos ist ein angemessenes persönliches Verhal-

ten des Lehrers. Die Schüler sollen spüren, daß der Lehrer versucht, nach diesem Ethos zu leben, und zwar an seinem Verhalten in der Schule, an gelegentlichen Äußerungen und an seiner privaten Lebensführung. Reden darüber ist nicht gefordert, sondern das Handeln danach.

Das Ethos kann wirksam werden durch die Gestaltung des naturwissenschaftlichen Unterrichts.

I

Naturwissenschaftlicher Unterricht muß vor allem problemorientierter, entdeckender Unterricht sein. Wenn nicht mehr erreicht würde, als daß die Schüler lernen, überall in Natur und Technik Erstaunliches zu sehen, sich davon faszinieren zu lassen und ihm nachzugehen, dann wäre schon viel gewonnen. Kenntnisse sind nur in sofern wichtig, als sie dem Schüler die Möglichkeit geben, sich mit Aussicht auf Erfolg an die Aufklärung der ihm unbekannten Phänomene heranzumachen. Zu diesem Zweck sind ausreichende Fachkenntnisse allerdings auch unerläßlich. Der Typ des Lehrers, der alles weiß, jedenfalls, der so tut, als wisse er alles, ist für einen solchen Unterricht nicht gefragt. Die Schüler müssen das Gefühl haben können, daß sie mit dem Lehrer zusammen nach der Lösung suchen und daß der Lehrer ebenfalls gespannt ist, auf welchem Wege die Lösung schließlich gefunden wird, auch wenn er sie als Fachmann im allgemeinen schon kennt. Probleme solcher Art sind überall zu finden für denjenigen, der sie zu sehen gelernt hat, ob dies – im Hinblick auf die Physik – der Blitz, der Regenbogen, die Farbstreifen in Wasserpfützen, wackelnde Schaufensterpuppen, trocknende Wäsche, das Schlittschuhlaufen, das Funktionieren von Kraftfahrzeugen oder elektronischen Geräten sind.

II–VI

Genauigkeit des Messens wird in allen Lehrplänen als wichtiges Ziel des naturwissenschaftlichen Unterrichts herausgestellt. Viel wichtiger als die Genauigkeit ist aber die Einsicht in die Ungenauigkeit allen Messens (II), die Suche nach und die kritische Auseinandersetzung mit Meßfehlern (V). Manchmal ist ein gescheitertes Experiment im Unterricht wertvoller als ein auf Anhieb geglücktes. Erst die offensichtliche Ungenauigkeit von Messungen gibt Anlaß, über Methoden zur Reduzierung der Fehler und über die Grenzen der Meßgenauigkeit überhaupt nachzudenken.

Beispiele aus der Physik

a) Das Fallgesetz: Statt sofort die perfekte Meßapparatur mit Lichtschranken und einer (auf 1/10 000 sec. genauen) Digitaluhr einzusetzen, wird man zunächst mit Handstoppuhren auf Sichtkontakt messen, die Fehlergründe suchen (z. B. Reaktionszeit, ungenaue Ortsbestimmung usw.) und dann Verbesserungen planen.

b) Messung von Mischungstemperaturen: Statt mit Isoliergefäßen und unter Berücksichtigung der Wärmekapazitäten von Thermometer, Gefäß und Rührer zu arbeiten, benutzt man zuerst einfach eine Blechdose und mißt ohne besondere Vorsicht. Das Ergebnis ist dann, daß der gemessene Wert mit dem errechneten überhaupt nicht übereinstimmt. Nun kann man überlegen, woran dies wohl liegen mag, was sich ändern läßt und wie man eine Verbesserung erreichen könnte.

Exaktheit des Denkens wird meist so verstanden, als müsse jede Aussage in sich schlüssig bewiesen werden. Viel wichtiger aber ist die Einsicht in die Unvermeidbarkeit von Beweislücken, die Erkenntnis, daß man immer unbewiesene Voraussetzungen (z. B. Axiome) hinnehmen muß. Eine wesentliche Aufgabe eines exakten naturwissenschaftlichen Unterrichts muß es sein, jeweils die unbewiesenen Voraussetzungen aufzudecken und für die Schüler als solche einsichtig zu machen. Es kann ausgesprochen lehrreich sein, einen schlüssig scheinenden Beweis zu führen, der sich später als offensichtlicher Fehlschluß herausstellt (z. B. in der Mathematik der

Beweis, daß 2 = 3 ist). Unsere Schulbücher und auch die wissenschaftlichen Lehrbücher wimmeln von Aussagen, die als wissenschaftlich gesichert bezeichnet werden, aber für Lernende selbst nicht prüfbar sind, weil entweder ihre Kenntnisse oder ihre experimentellen Möglichkeiten dazu nicht ausreichen. Ohne sich darüber Rechenschaft zu geben, nimmt man sie meist im Vertrauen auf das Können und die Redlichkeit der wissenschaftlichen Autoritäten und der Buchautoren gläubig hin. Natürlich würden wir im Unterricht nicht weit kommen, wenn wir nur das lehren wollten, was Schüler selbst beweisen können. Wichtig aber ist, daß alles andere ausdrücklich als geglaubt gekennzeichnet und mit dem Merkmal des Vertrauensrisikos versehen wird, das allen übernommenen Kenntnissen auch in der Wissenschaft anhaftet. Wahrhaftigkeit bedeutet Offenlegung der Schwächen der eigenen Argumentationsketten.

Aus Meßreihen werden häufig Funktionsgleichungen gewonnen; z. B.

$$s = \frac{1}{2} g t^2; \frac{U}{J} = \text{const}; \frac{\sin d}{\sin \beta} = \text{const}; p \cdot v = \text{const}$$

Im Unterricht muß deutlich werden, daß es sich dabei um Inter- und Extra-Polationen von endlich vielen Meßwerten auf unendlich viele nicht gemessene Werte handelt, daß dabei zeitlich von einigen Meß-Zeitpunkten auf „immer" geschlossen wird und daß es unendlich viele andere Funktionen gibt, welche die gleichen Meßwerte erfüllen.

Es ist zwar jedem Naturwissenschaftler klar, daß er immer nur vereinfachte Modelle der Wirklichkeit untersucht, und dies ist sogar ein unvermeidbares Grundprinzip naturwissenschaftlicher Forschung. Natürlich ist es das Ziel, Modelle zu konzipieren, die möglichst genau mit der gemeinten Wirklichkeit übereinstimmen sollen. Im Unterricht kommt es aber darauf an, Schülern die Unvollkommenheit der Modellvorstellungen einsichtig zu machen. Deshalb ist es gerade notwendig, zunächst offensichtlich unzureichende Modelle einzuführen, um die kritische Auseinandersetzung mit ihnen überhaupt erst in Gang zu bringen (z. B. das THOMSONsche Atommodell bzw. das RUTHERFORDsche anstelle des quantenmechanischen Orbital-Modells, oder das BOYLE-MORIOTTEsche Gesetz bzw. die Zustandsgleichung der idealen Gase anstelle der VAN-DER-WAALS-Gleichung). Ein Modell, das keine für die Schüler feststellbaren Mängel aufweist, wird von ihnen für die Wirklichkeit gehalten. Dies führt zu dem weit verbreiteten Glauben an die Allmächtigkeit der Naturwissenschaften. Erst die Einsicht in die zwangsläufige Unvollkommenheit aller Theorien, in die Begrenztheit eigenen Denkens und Handelns, in die Unfähigkeit des Menschen, die Natur vollständig und so zu erfassen, wie sie unabhängig vom Menschen ist, läßt Bescheidenheit erwachsen.

VII–IX

Die Erkenntnis, daß auch in der Naturwissenschaft zwangsläufig unbewiesene Voraussetzungen, Glaubensannahmen gemacht werden müssen, damit man überhaupt Wissenschaft treiben kann, läßt sich schon in der Mittelstufe schrittweise vorbereiten und kann in der Oberstufe zur Entfaltung gebracht werden. Diese Erkenntnis führt zur Offenheit für Transzendenz. Jeder Schüler hält es für selbstverständlich, daß es eine Natur an sich gibt und daß die Gesetze der Naturwissenschaften etwas Wahres über diese Natur aussagen. Der normale Unterricht trägt ganz offensichtlich erheblich zur Verstärkung dieses Glaubens bei. Erst das Verständnis für die Willkür naturwissenschaftlicher Theorien, die dennoch in – genau genommen – wunderbarer Weise zuverlässige Zukunftsaussagen liefern, kann den Schülern deutlich machen, daß wir alle – auch die Wissenschaft – ständig auf etwas vertrauen, was eigentlich fragwürdig ist, daß wir immer ein nicht zwingend begründbares Grundvertrauen aufbringen. Diese Tatsache kann im Unterricht schon in der Sekundarstufe I an sehr einfachen Beispielen deutlich gemacht werden. So vertrauen wir auf die NEWTONschen Grundgesetze (Axiome), die Techniker bauen in diesem Vertrauen Brücken und Flugzeuge, und wir benutzen diese. Dabei scheint zumindest das Trägheits-Axiom jeder Erfahrung zu widersprechen, denn wer hat schon einmal eine Kugel gesehen, die ohne Krafteinwirkung immer weiter rollt. Da hilft auch der Hinweis auf die doch wirkende Reibungskraft nicht; denn ihre völlige Ausschaltung ist zwar in Gedanken, aber nicht in Wirklichkeit möglich. Wir arbeiten in der Optik mit Lichtstrahlen, die es aus mehreren Gründen in Wirklichkeit nicht gibt, einmal weil wir immer nur Lichtbündel herstellen können, zum anderen, weil die Lichtausbreitung zugleich als Welle gedeutet werden muß. Dennoch werden unter der Annahme der Existenz von Lichtstrahlen mit großem Erfolg optische Präzisionsgeräte – Fernrohre und Photoapparate – gebaut.

Erst recht kann in der Sekundarstufe II unsere „Vertrauensseligkeit" offenbar werden. Wir verlassen uns auf die Maxwellgleichungen, die nicht bewiesen und nur begrenzt plausibel gemacht werden; wir benutzen die Vorstellungen von Quanten, Wellen und Wahrscheinlichkeits-Verteilungen, ohne sagen zu können, was denn in den Wellen schwingt oder wieso Photonen oder Elektronen dazu kommen, sich in bestimmter Weise zu verteilen. Ziel ist, die Schüler zu der Erkenntnis zu bringen, daß alle diese Modelle, Gleichungen und Theorien nur Versuche sind, beobachtete Phänomene plausibel zu beschreiben, daß es vielleicht auch noch andere Beschreibungen geben könnte, daß aber damit nicht einmal die innere Widerspruchsfreiheit dieser Theorien nachgewiesen ist. Dadurch kann einsichtig werden, daß wir letztlich auf die Existenz einer Welt vertrauen, die unser Begreifen übersteigt, die aber in unsere Sinnenwelt hineinwirkt, eine Welt, in der vieles für uns Unbegreifliches Platz haben könnte, so auch Gott und wenn auch nur als ein Postulat, wozu sich etwa KANT veranlaßt sah.

X, XI

Der naturwissenschaftliche Unterricht hat immer auch die technischen Anwendungen in den Blick genommen, allein deshalb, weil sie notwendige – wenn auch keineswegs hinreichende – Bestätigungen des Glaubens an die Wahrheit wissenschaftlicher Erkenntnisse darstellen. In den letzten Jahren ist es immer dringender geworden, Technik auch wegen ihrer Auswirkungen auf Mensch und Umwelt im Unterricht zu behandeln. Dies kann sicher nicht dem Fach Technik allein überlassen bleiben. Denkbar wäre eine Aufteilung, in welcher die Prinzipien der technischen Einzelprozesse von den Naturwissenschaften aufgeklärt und die technische Perfektionierung sowie die großtechnischen Verfahren im Fach Technik behandelt werden. Themen für den Physikunterricht sind natürlich neben Elektromotoren, Generatoren, thermodynamischen Maschinen, auch Kernstrahlungen und ihre Wirkungen, Strahlenschutz, Kernkraftwerke, Kernbomben, Grundelemente elektronischer Schaltungen und die Grundprinzipien der Computer. Dabei müßte auch angesprochen werden, was die Erfinder denn zu ihren Anstrengungen angetrieben hat und was daraus schließlich für den Menschen geworden ist, z. B. auch, ob die Wissenschaftler diese Folgen hätten absehen und mögliche negative Auswirkungen gar hätten verhindern können.

Gerd-Heinrich Neumann

Der folgende Beitrag beschäftigt sich ausschließlich mit dem Biologieunterricht. Versucht wird somit nur, die folgenden Fragen zu beantworten: Gibt es ein Ethos des Biologielehrers? und – falls ja – Wie hat sich dieses Ethos im Unterricht auszuwirken? Zur Beantwortung dieser Fragen ist es zunächst einmal notwendig, an

Gibt es ein Ethos des Lehrers der naturwissenschaftlichen Fächer? 71

je einem Beispiel aus dem heutigen Biologieunterricht sowohl der Sekundarstufe I als auch der Sekundarstufe II ethikrelevante Themenbereiche deutlich zu machen. Anschließend wird dann auf die Beantwortung der beiden soeben aufgeworfenen Fragen eingegangen.

1. Beispiel

Zum Themenkatalog des heutigen Biologieunterrichtes der Sekundarstufe I gehören die Stoffgebiete „Regulation der Fortpflanzung" und – damit eng verknüpft – „Wann beginnt das einzelne menschliche Leben?"

Mit diesen Problemen hat sich jeder ernsthaft auseinanderzusetzen. Unübersehbar ist, daß damit auch schwerwiegende ethische Fragen verbunden sind, die u. a. Ziele und Gehalt von Partnerschaft, Ehe und Familie betreffen. Eine vom Biologischen wünschenswerte und ethisch zu vertretende Verhinderung einer Empfängnis setzt voraus, daß jeder Betroffene weiß, welche Methoden es gibt und wie diese wirken.

Die meisten der z. Z. eingeführten Schulbücher für das Fach Biologie behandeln unser Thema nicht befriedigend. Neben einem häufig erschreckenden Mangel an begrifflicher Klarheit und Eindeutigkeit (z. B. Schwangerschaftsunterbrechung – die es gar nicht gibt – statt Schwangerschaftsabbruch) wird nicht eindeutig zwischen Methoden, die eine Befruchtung, und solchen, die eine Nidation verhindern, unterschieden.

Hierzu einige Beispiele:

a) Aus cvk-Biologie – Humanbiologie – Cornelsen-Velhagen u. Klasing, 1978, S. 60:

Präservativ	Gummihülle über dem Glied fängt die Spermien auf	bedingt sicher	Schmerzen, Überempfindlichkeit
Pessar	Kappe über dem Muttermund hält die Spermien ab. Wird vor dem Beischlaf eingeführt und etwa acht Stunden später entfernt	bedingt sicher	Schmerzen, Infektionen, Überempfindlichkeit
Schleife	Plastikspirale, die vom Arzt in die Gebärmutter eingeführt wird und dort unbegrenzt lange bleiben kann, verhindert die Einnistung des Eies.	sicher	Schmerzen, Infektionen, Menstruationsbeschwerden
Tabletten, Zäpfchen, Schaumpräparate	Chemische Präparate, die in die Scheide gebracht werden, die Spermien abtöten oder sie daran hindern, weiter vorzudringen	unsicher	Schmerzen, Überempfindlichkeit
Pille (Ovulationshemmer)	Verhindert hormonal den Eisprung. Muß regelmäßig eingenommen werden.	sicher	Stoffwechselstörung, Übelkeit, Überempfindlichkeit, Menstruationsbeschwerden
Zeitwahl-Methode	In den „sicheren" Perioden vom 1. bis 11. und 17. bis 28. Tag des Menstruationszyklus findet normalerweise keine Empfängnis statt.	unsicher	

b) Aus KUHN/WESTRICH Biologie 7/8, Listverlag, 1978, S. 92:

3. Mechanische Mittel

Das Kondom

Scheidenpessar

Gebärmutter-Pessare (Intrauterine Pessare), die verschiedene Formen haben, müssen vom Arzt in die Gebärmutter eingelegt werden und können dort mehrere

Jahre liegen bleiben. Sie verhindern die Einnistung des befruchteten Eies in die Gebärmutter. Da Beschwerden auftreten können, ist ärztliche Überwachung (etwa 1x jährlich) dringend notwendig. Versagerzahl: 3,5.

c) Aus Glombeck Biologie 2, Klasse 7/8, Schöningh 1984, S. 31

	Mittel und ihre Anwendung	Nachteile	Versagerquoten auf 100 Frauen in einem Jahr
2. mechanische Methoden	a Gebärmutterkappe Diese meist aus Kunststoff bestehende Kappe wird vom Arzt auf den Muttermund aufgesetzt. Dadurch wird der Weg zur Eizelle abgeschnitten	Die Kappe kann verrutschen. Zu häufiger Arztbesuch.	7
	b) Gebärmutterschlinge oder -schleife. Diese Schleifen bestehen aus Weichplastik und werden in die Gebärmutter eingesetzt, um das Einnisten einer befruchteten Eizelle zu verhindern.	Sie können Schmerzen, Blutungen, Entzündungen hervorrufen und sogar ausgeschieden werden.	7
	c) Kondom Dies ist ein aus sehr dünnem Gummi bestehendes Verhütungsmittel, das über das versteifte Glied gezogen wird und beim Verkehr die Spermien auffängt.	Das Kondom kann sich nach der Erektion vom Glied lösen, dann fließen die Spermien in die Scheide.	

Hier wird der Eindruck erweckt, als seien die unterschiedlichen Methoden vom Biologischen her gleichwertig. Genau das sind sie aber nicht. Während die meisten der in den Büchern aufgeführten mechanischen Methoden und die Ovulationshemmer die Befruchtung – also die Verschmelzung von Ei und Spermium – verhindern und somit vor der Entstehung eines neuen Menschen einsetzen, sind die Gebärmutter-Pessare keinesfalls Befruchtungshemmer. Sie verhindern vielmehr die Nidation (Einnistung) eines vielzelligen Keimes in die Uterusschleimhaut.

Dieser unterschiedliche Wirkungsmechanismus ist entscheidend. Während echte Befruchtungshemmer eine Empfängnis verhüten, regulieren die Nidationshemmer die Fortpflanzung.

Da der Biologe nicht ausschließen kann, daß schon die befruchtete Eizelle ein Mensch ist, besteht zumindest die Möglichkeit, daß durch Verhinderung der Nidation eine Embryonalentwicklung abgebrochen wird.

Hier zeigt sich nun in aller Deutlichkeit die ethische Relevanz des Themas „Regulation der Fortpflanzung".

2. Beispiel

Das 2. Beispiel „Die vorgeburtliche Diagnose genetischer Defekte" ist dem Themenkatalog der Sekundarstufe II entnommen. Es macht wiederum die ethische Relevanz vieler Inhalte des gegenwärtigen Biologieunterrichts deutlich.

Etwa 4 % der Neugeborenen weisen genetische Defekte auf. Die Häufigkeit solcher Störungen kann vom Alter der werdenden Mutter abhängen. Wie aus Tabelle 1 zu ersehen, nimmt das Risiko, ein mongoloides Kind zu bekommen, mit steigendem Alter der werdenden Mutter zu.

Tabelle 1:

Alter der werdenden Mutter	Wahrscheinlichkeit, ein mongoloides Kind zu bekommen
unter 19 Jahren	1:2370
20–24 Jahre	1:1600
25–29 Jahre	1:1200
30–34 Jahre	1: 870
35–39 Jahre	1: 300
40–44 Jahre	1: 100
45 und älter	1: 46

Mit Hilfe einer sog. vorgeburtlichen Diagnose kann gegenwärtig etwa in der 18. Woche der Schwangerschaft jede numerische Chromosomenanomalie diagnostiziert werden.

Daß das Risiko genetischer Schädigungen in vielen Fällen mit steigendem Alter werdender Eltern zunimmt, sind die meisten Genetiker und Mediziner der Meinung, daß eine vorgeburtliche Diagnose u. a. immer dann wünschenswert sei, wenn die werdende Mutter älter als 35 Jahre ist.

Der Schüler lernt nun spätestens im Oberstufenunterricht Technik und Bedeutung dieser Diagnose kennen. Er fragt natürlich, darf oder soll die Schwangerschaft abgebrochen werden, wenn die Diagnose ergeben hat, daß sich ein chromosomengeschädigtes und damit später erheblich behindertes Kind entwickelt.

Die Beantwortung dieser Frage geht sicherlich über die Biologie als Wissenschaft hinaus. Es wäre unverantwortlich, wenn der Biologielehrer diese Schülerfrage nicht aufnehmen und besprechen würde. Auch im Biologieunterricht sollte in diesem Zusammenhang u. a. folgendes diskutiert werden:

a) Was mag es für werdende Eltern bedeuten, nach knapp 4 Schwangerschaftsmonaten zu wissen, daß das Kind, welches erwartet wird, schwer geistig behindert zur Welt kommen wird?

b) Welche Folgen wird die Geburt so eines schwerbehinderten Kindes für dieses selbst, für die Eltern und Geschwister haben in einer Welt, in der eine Familie mit einem behinderten Kind selbst behindert ist?

c) Darf man jemanden töten, nur weil er behindert ist?

Soweit die beiden Beispiele. Jetzt wird es möglich, die eingangs gestellten Fragen
– Gibt es ein Ethos des Biologielehrers? und
– Wie hat sich dieses Ethos im Unterricht auszuwirken?
zu beantworten.

Das Ethos des Biologielehrers ist unverzichtbar. Es verneinen bedeutet, Biologie nur als ein Fach zu verstehen, in dem ausschließlich wertfrei Sachinformationen vermittelt werden. Dieses Verständnis ist aber pädagogisch gesehen unverantwortlich. Es widerspricht auch der Verfassung des Landes Nordrhein-Westfalen, wo ausdrücklich Schulen immer auch als Stätten der Erziehung gesehen werden. Daß bei der Behandlung der weiter oben ausgeführten Beispielthemen eine reine Beschränkung auf das Biologische nicht vertretbar ist, versteht sich von selbst.

Doch wie soll sich dieses Ethos auswirken? Die Beantwortung dieser Frage ist wesentlich schwieriger als jene nach dem Ethos schlechthin. Nehmen wir dazu die beiden Beispiele wieder auf.

Bei der Behandlung der „Regulation der Fortpflanzung", der Frage nach dem „Beginn des menschlichen Lebens" und der „vorgeburtlichen Diagnose" geht es u. a. darum, verantwortungsbewußt die Stoffauswahl vorzunehmen. Dazu gehören die Ausgewogenheit der Information, die Exaktheit der Sprache, die Vermeidung jeder

Form von Indoktrination und das Aufzeigen der Grenzen naturwissenschaftlicher Erkenntnisweisen.

Der Schüler muß die unterschiedlichen Wirkungsweisen der Befruchtungs- und Nidationshemmer kennen. Er muß wissen, weshalb die Biologie als Naturwissenschaft die Frage nicht beantworten kann, ob die befruchtete Eizelle schon ein Mensch ist. So wird er einsehen und begreifen, daß für viele, z. B. für Christen vom Ethischen her ein entscheidender Unterschied in der Anwendung dieser verschiedenen Methoden besteht.

Indoktrination wird dadurch vermieden, daß bei einem Thema wie diesem jede einseitige, unausgewogene Sachinformation unterbleibt.

Das Ethos des Lehrers zeigt sich bei der Behandlung der vorgeburtlichen Diagnose u. a. auch an seiner Bereitschaft, die weiter oben gestellten Fragen zu diskutieren. Wie weit ist er gewillt, seinen eigenen Standpunkt auch vor seinen Schülern darzulegen?

So setzt das Ethos des Biologielehrers bei der Stoffauswahl an, macht sich bemerkbar bei der Ausgewogenheit der dem Schüler vorgetragenen Sachinformationen. Es zeigt sich in seinem Bemühen, jede Form der Indoktrination zu vermeiden und die Grenzen naturwissenschaftlicher Erkenntnisgewinnung aufzuzeigen. In seiner Bereitschaft, bei ethikrelevanten Themen und Fragen Standpunkt zu beziehen und diesen als seinen persönlichen deutlich zu machen, setzt sich das Sichtbarwerden des Ethos des Biologielehrers fort.

Joachim Dikow

Gibt es ein Ethos des Lehrers der literaturwissenschaftlichen Fächer? – Elemente der Diskussion in der Arbeitsgruppe[1]

Die Arbeitsgruppe erörterte drei Fragenbereiche: Von welchen Vorstellungen gehen wir aus, wenn von Literatur die Rede ist? Nach welchen Gesichtspunkten sollen wir Entscheidungen über die Auswahl der im Unterricht zu behandelnden Literatur treffen? Von welchen Grundsätzen sollen wir uns bei der Behandlung dieser Literatur leiten lassen?

1. Abklärung des verwendeten Literaturbegriffs

Die Arbeitsgruppe ging, ohne weitere Reflexionen darüber, von einem Begriff ‚hoher Literatur' aus; der längere Jahre den didaktischen Diskussionen zugrunde gelegte Textbegriff, der auch Trivial- und Gebrauchstexte einschließt, war hier nicht Gegenstand der Erörterungen. Unter dieser Voraussetzung konnte von einem ‚Ethos des literarischen Werkes selbst' die Rede sein, das maßgebend werden kann für den Lehrer literaturwissenschaftlicher Fächer. Dieses Ethos des Werkes wurde nach zwei Richtungen hin entwickelt:

Zunächst wurde in bewußt einseitiger Weise die überkommene Ästhetik nach ihrem Beitrag zum Verständnis eines literarischen Kunstwerkes und seiner normensetzenden Kraft befragt: Gegenstand dieser Ästhetik ist das in der Kunst erscheinende Schöne. Als Qualität des Seins ist das Schöne – in der Sicht des ARISTOTELES, mit nachweisbaren Spuren bis in unser Jahrhundert – identisch mit dem Wahren und Guten. ‚Schön' impliziert bereits die Dignität der in der Kunst behandelten Gegenstände, wenn beispielsweise die Tragödie für ARISTOTELES die Nachahmung einer edlen, abgeschlossenen Handlung ist. Hier sind ethische Normen ästhetische Normen. Das bleibt so in Renaissance- und Barock-Poetiken; OPITZ kann sagen: „Die Poeterey war anfangs verborgene Theologie." Noch bei HEGEL heißt es: „Alle Abbildung in der Kunst ist ‚die Manifestation der Wahrheit in sinnlicher Form'." KIERKEGAARD bezeichnet sein Schreiben als Werk der Gottesfurcht, als Gottesdienst.

Die Literatur des 19. wie vor allem des 20. Jahrhunderts verläßt aber die Position eines Erscheinens des seinshaft Wahren und Guten in der Kunst und setzt an seine Stelle die Qualität des Wahrhaftigen. Das, was die alte normative Poetik häßlich oder böse genannt hätte, das, was spontanen Schönheits- und Glücksvorstellungen zuwiderläuft, tritt uns in modernen Werken verstärkt entgegen. „Das literarische Kunstwerk ist immer anstößig", heißt es bei MERTNER und MAINUSCH (1970, 22). In bewußt provozierenden Äußerungen setzt sich MILLER im Wendekreis des Krebses in einen Gegensatz zu den Kunsterwartungen seiner Leser: „Dies ist kein Buch... Dies ist eine fortwährende Beleidigung, ein Maul voll Spucke ins Gesicht der Kunst, ein Fußtritt für Gott, Menschheit..., Liebe, Schönheit." MARINETTI erklärt 1909 im 1. Manifest des Futurismus: „Ein heulendes Auto, das auf Kartätschen zu laufen scheint, ist schöner als die Nike von Samothra-

---

[1] Die vorliegende Zusammenfassung des Diskussionsverlaufs beruht vor allem und mit allen Literaturnachweisen auf einleitend vorgetragenen Impulsen von Renate LIEMKE, ferner auf Beiträgen von Engelbert HASKAMP, Ulrich TÖNS und Heinrich WÜBBOLT.

ke." Es ist klar, daß das, was ‚schön' ist, in solchen Zusammenhängen neu definiert werden muß. Entgegen der aristotelischen Reduktion auf ‚edle Handlungen' weigert sich nun die Literaturtheorie, irgendwelche Stoffe als der Kunst unangemessen zu bezeichnen. Nicht auf das Was, sondern auf das Wie der Kunst kommt es danach an. August Wilhelm SCHLEGEL betont, das Kunstwerk müsse „die wahre Identität eines Gegenstandes" herausarbeiten; diese Identität nennt er auch mit deutlichen Ableitungen aus der Porträtkunst „Physiognomie der Dinge", „Rekonstruktion ihrer Physiognomie von innen her in ihrer Einheit". Für ihn ist solche wahre Abbildung ‚schön', so daß er sagen kann: „Echte Kunst, Poesie (ist) von selbst zugleich philosophisch, moralisch, religiös." Echtheit ist auch für James JOYCE das Kriterium der Literatur, wenn er formuliert: „Entscheidend ist, daß das Werk innere menschliche Existenz darstellt, in symbolischer Weise von unserer Natur handelt." Von solcher Literatur geht nun durchaus normgebende, welt- und menschenändernde Kraft aus. RILKE dichtet 1908 in Archaischer Torso Apollos: „Denn da ist keine Stelle, die dich nicht sieht. Du mußt dein Leben ändern." Bei Ingeborg BACHMANN (1964, 309) kommt noch deutlicher zum Ausdruck, daß nur äußerste Härte und Schärfe dem literarischen Werk gemäß sind; es will und kann ‚treffen': „... scharf von Erkenntnis/ein Faustschlag/eine Axt für das gefrorene Meer in uns/ein Selbstmord." So wird das Kunstwerk „zur Bewährungsprobe der verschiedensten Werte und Wertvorstellungen, es entläßt uns mit einem präziseren Wissen vom Wesen des Guten und Bösen" (GERTH 1967, 53).

Es sei noch vermerkt, daß die Arbeitsgruppe in dem von ihm diskutierten Zusammenhang der zweiten wesentlichen Bestimmung eines literarischen Kunstwerks, seiner besonderen sprachlich-stilistischen Gestaltung (in der Sprache der Richtlinien: seiner poetischen Kodierung) nur geringere Aufmerksamkeit widmen konnte.

2. Fragen der Stoffauswahl

Die generelle ethische Frage: „Was sollen wir tun?" stellt sich für den Lehrer literaturwissenschaftlicher Fächer konkret in der Form: „Was sollen wir lesen?" Die Arbeitsgruppe ortete die Frage zunächst als eine Frage des Deutsch-, Englisch-, Französisch-, Lateinlehrers usw.; einen ‚Literaturlehrer' gibt es bei uns trotz der Spezialisierung bestimmter Kurse der gymnasialen Oberstufe auf ‚Literatur' nicht.

Die Frage: „Was sollen wir lesen?" wird im heute üblichen und vorgesehenen Gang des Unterrichts vom Lehrer den Schülern gestellt. Das rief kritische Rückfragen aus der Arbeitsgruppe hervor: Will sich hier der Lehrer (und der ihn beauftragende Staat) von Verantwortung entlasten? Hat diese Frage Alibifunktion, um bei Mißerfolgen den Lehrer als ‚unschuldig' auszuweisen? Besitzt der Schüler überhaupt den Horizont, um fundierte Vorschläge machen zu können? Gewährt der Lehrer nur eine Schein-Freiheit, weil er gelernt hat, auf diese Weise Motivationen bei seinen Schülern zu fabrizieren? Müßte nicht stärker zwischen jüngeren Schülern und älteren unterschieden werden, die schon ein wirkliches Interesse daran haben könnten, privat Gelesenes oder in den Medien Vorgestelltes vertieft zu erarbeiten? Zeigt nicht die Erfahrung, daß bei Befragung der Schüler wenig relevante und verwirklichbare Vorschläge gemacht werden? Die durchgehende Skepsis dieser Fragen macht es verständlich, daß sich die Lehrer in der Arbeitsgruppe auf die eigene Entscheidung zurückgeworfen sahen und es als unwürdig ansahen, wenn diese ihre Entscheidung mit ‚Pädagogenlist' als die der Schüler ausgegeben wird. Die Frage, was man lesen solle, war damit natürlich nicht beantwortet. Ein Postulat an den Lehrer aber ergibt sich schon vorab in diesem Zusammenhang: Die ‚literarische Gewissensbildung' des Lehrers verlangt eine dauernde und gründliche Aneignung von Wissen über Ideen, literarische Stoffe, Sprachformen und selbst solchen sehr speziellen Ansätzen der Literaturwissenschaft, deren unterrichtliche Brauchbarkeit nicht sofort erkennbar ist. Pädagogische Selbstgenügsamkeit wäre ganz fehl am Platz; denn Mißtrauen, was Menge und Dichte der eigenen Kenntnisse betrifft, ist immer angebracht.

Auch in ein Spannungsverhältnis zwischen Schule und Elternhaus kann die Literaturauswahl führen, wie in der Arbeitsgruppe an einem Beispiel deutlich gemacht wurde: Ein Schüler erkennt und übernimmt – etwa motiviert durch empfundenes Ungenügen an den Lebensvorstellungen und Lebensvollzügen im eigenen sozialen Umfeld und verstärkt durch erkannte christliche Parallelen zu seiner Kritik – die Kritik Max FRISCHS an der technisch-,faberartig' verkürzten Lebensauffassung Walter FABERS. Der Schüler setzt dieses Bewußtsein diskursiv in eben diesem Umfeld – insbesondere dem Elternhaus – um, welches – weltanschaulich anderen Standpunkte – diese Kritikvermittlung dem Lehrer gegenüber als Beitrag zur Entwicklung weltferner Lebensuntüchtigkeit des Kindes moniert. Die Eltern berufen sich dabei darauf, daß nach dem Grundgesetz Erziehung der Kinder ihr natürliches Recht und die zuvörderst ihnen obliegende Pflicht sei.

Dieser Spezialfall eines Konfliktes lenkt auf eine andere in der Arbeitsgruppe diskutierte Frage, zur verantworteten Literaturauswahl hin: Soll überhaupt ausgewählt werden unter dem Gesichtspunkt, daß der Schüler im literarischen Kunstwerk ein Identifikationsangebot erhält? Dem wurde entgegengehalten, daß damit die Gefahr einer ,Mediatisierung' des Kunstwerks droht. Seine Wahrhaftigkeit und nicht das in ihm angeschlagene Thema soll aus dem Zusammenhang von Inhalt und Form erarbeitet werden. Auswahlkriterium ist daher die Frage, ob die Kräfte der Schüler ausreichen, der Wahrhaftigkeit inne zu werden, nicht die Frage, ob er sich mit der im Kunstwerk vorgetragenen Position identifizieren kann, darf oder soll. Doch blieben auch diese Grundsätze nicht unbestritten, da doch in vielen Fällen Schüler sich tatsächlich identifizieren. Verlangt dies nicht eine Vorauswahl? Verlangt es nicht zumindest, daß Kunstwerke nicht behandelt werden, bei denen die Kräfte des Schülers für eine Auseinandersetzung mit den im literarischen Werk vertretenen Positionen nicht ausreichen. Natürlich sind im Laufe der Rezeptionsgeschichte manche Werke weniger gefährlich geworden, weil der Horizont des Lesers sich verändert hat: GOETHEs Werther wird heute bei uns kaum zum Selbstmord verleiten. Und der Schüler kann oft in kurzer Zeit Entwicklungen nachholen, die in der Rezeptionsgeschichte in Jahrhunderten gelaufen sind. Die Arbeitsgruppe warnte aber vor der Beschäftigung mit destruktiven Texten auf zu früher Stufe.

Schließlich ging es um die Frage: „Dürfen oder sollen auch literarische Kunstwerke zur Behandlung ausgewählt werden, in denen christliche Positionen oder auch Auseinandersetzungen mit ihnen wahrhaftig zum Ausdruck kommen?" Zunächst bestand Einverständnis darüber, daß es keinen Grund gibt, solche Werke von der Behandlung auszuschließen. Ferner wollte die Arbeitsgruppe von einem gewissen Vertrauen darauf ausgehen, daß die kulturelle Tradition eines Literaturkanons, zu dem auch Kunstwerke von der angesprochenen Art gehören, das Ringen des Menschen um Wirklichwerden und Innewerden seiner Vieldimensionalität vermitteln kann.

Es kann aber auch in der Gesamtgesellschaft so etwas wie die Verantwortung der Subkulturen für die Erhaltung des breiten Kulturstroms durch die Pflege ausgewählter Felder der literarischen Tradition geben. In diesem Zusammenhang kann es ein gesamtgesellschaftlicher Dienst der katholischen Schulen sein, wenn sie daran festhalten, daß Kunstwerke behandelt werden, in denen christliche Positionen sichtbar werden.

Der religiösen Erziehung des einzelnen Schülers aber kann es genausogut oder oft besser dienen, wenn er sich mit der wahrhaften Verarbeitung anderer Positionen im Kunstwerk auseinandersetzen kann und muß.

3. Fragen der Behandlung des literarischen Kunstwerks

Nach den Meinungen, die in der Arbeitsgruppe vertreten wurden, sind Fragen der Behandlung des literarischen Kunstwerkes nicht nur Fragen der methodischen Technik. Da nicht jede Methode zu jedem Ziel führt, gehört die Auswahl der Ziele und der Methoden zu den Entscheidungen des Lehrers, die er vor seinen Schülern angesichts jener pädagogischen Grundsätze verantworten muß, die insgesamt Gegenstand des 2. Münsterschen Gesprächs zu Themen der wissenschaftlichen Pädagogik waren.

Es wurde davor gewarnt, Literatur durch die Art der Behandlung zu zerreden und zu zergliedern, weil dann das nicht in Erscheinung treten kann, was das Kunstwerk an Wahrheit und Wahrhaftigkeit in sinnliche Form gebracht hat. Besser ist es deshalb, ein Gedicht zunächst durch sinngestaltendes Lesen zu erschließen oder ein Theaterstück zu spielen. Freilich setzt auch das schon bewußte oder unbewußte Interpretation voraus, die immer stattzufinden hat; denn menschliches Miteinander geschieht nur in der Grundstruktur eines hermeneutischen Verhältnisses. Im übrigen bieten die verschiedensten Methoden der Literaturwissenschaft (Literaturgeschichte, Stilistik, Motivforschung, Rezeptionsgeschichte u. a.) genügend Möglichkeiten, um auf abwechslungsreiche Weise das Werk zu erschließen und dem Schüler je nach Situation und Veranlagung gerecht zu werden.

Ein besonderes Problem liegt darin, daß der Druck von Klausuren und Zensuren die Motivation der Schüler (zer-)stören kann, so daß es nicht um Wahrheit oder Wahrhaftigkeit eines Kunstwerkes, sondern um Nachweise für Berechtigungen geht. Man muß sich der Tatsache stellen, daß je existentieller die Bedeutung eines Bildungsvorgangs ist, um so verfehlender auch seine Verfremdung sein kann. Aber man muß auch sehen, daß die in Klausuren und Zensuren mit zum Ausdruck kommende Fremdbestimmung des Schülers Teil der pädagogischen Grundsituation ist, die in dem im Gespräch vielfach besprochenen Wechselverhältnis von Fremdbestimmung und Mündigkeit ausgelegt ist.

Sodann wurde erörtert, ob es zum Ethos eines christlichen Lehrers gehöre, unchristliche oder widerchristliche Positionen von Kunstwerken mit der Heilsbotschaft zu konfrontieren. Nochmals wurde daran erinnert, daß es eine unabhängig von irgendwelchen Positionen bestehende Leistung des Kunstwerks ist, unsere Wertvorstellungen der Bewährungsprobe zu unterwerfen und uns mit einem präziseren Wissen vom Wesen des Guten und Bösen zu entlassen. Insofern ist die stete Konfrontation nicht geboten; insbesondere soll man nicht zu früh mit Alternativen die Position eines Kunstwerks kompensieren, weil sonst der Zugang zu ihm verschüttet werden könnte. Das gilt auch auf der Ebene der Auseinandersetzung zwischen sonstigen weltanschaulichen Positionen. Der gesellschaftliche Pluralismus darf uns nicht zwingen, Vielfalt unter Zerstörung des Wahrheitsanspruches eines Werkes anzusteuern, indem wir seiner Verbindlichkeit immer sofort andere Verbindlichkeiten entgegensetzen. Doch bringt es die geschichtliche Entwicklung mit sich, daß eine große Zahl der literarischen Werke von Rang aus dem letzten Jahrtausend in sich selbst bereits die Auseinandersetzung mit dem Christentum führt; auch und gerade da, wo sich solche Werke vom Christentum absetzen oder an eine ‚größere Christlichkeit' appellieren. In diesen vielen Fällen gehört eine qualifizierte Erarbeitung solcher Auseinandersetzungen zum sachentsprechenden Auftrag eines Lehrers der literaturwissenschaftlichen Fächer.

Literatur

ARISTOTELES, Poetik.
BACHMANN, Ingeborg, Gedichte, Erzählungen, Hörspiele, Essays, München 1964.
GERTH, Klaus, ‚Ästhetische' und ‚ontologische' Wertung. In: Der Deutschunterricht, 19. Jg. 1967, S. 43—57.
HEGEL, Friedrich, Ästhetik.
JOYCE, James, Critical writings.
KIERKEGAARD, Sören, Der Gesichtspunkt für meine Wirksamkeit als Schriftsteller.
MARINETTI, Tommaso, 1. Manifest des Futurismus, Le Figaro, 20. 2. 1909.
MERTNER, Edgar; MAINUSCH, Herbert, Pornotopia, Frankfurt und Bonn 1970.
MILLER, Henry, Wendekreis des Krebses.
OPITZ, Martin, Buch von der Deutschen Poeterey.
RILKE, Rainer Maria, Gesammelte Gedichte.
SCHLEGEL, August Wilhelm, Vorlesungen über Schöne Literatur und Kunst.

Helmut Konrad, Dieter Fuchs

Gibt es ein Ethos des Lehrers der sozialwissenschaftlichen Fächer? – Resümee des einleitenden Referates, Thesen zur Friedenserziehung und Elemente der Diskussion in der Arbeitsgruppe

Dieter Fuchs

Resümee des einleitenden Referates

Das Referat, das wegen seiner Länge nicht in das Heft aufgenommen werden kann, soll jedoch in seinen Grundgedanken vorgestellt werden.

Der Text von Helmut KONRAD enthält einen Entwurf von Ethos in Form einer phänomenologischen Ontologie. Von diesem Ansatz her gibt es für ihn zwei Mißverständnisse, die die Frage nach dem Ethos verdunkeln, wenn nicht sogar verunmöglichen. Das erste beruht auf der Behauptung, daß es ein Ethos „gibt", das zweite in der konträren Behauptung, daß es ein Ethos nicht „gibt". Was sich aber im Grunde dieses Streites verbirgt, ist die Selbstsetzung und zugleich Hybris der sich ausschließlich theoretisch verstehenden und damit mißverstandenen Subjektivität. Maßt sich die eine Seite an, das, was ein Ethos ist, theoretisch zu erkennen, so schließt die andere Seite aus dem Faktum der Nichterkennbarkeit auf seine Nichtexistenz. Ein Ethos wird aber als Ethos vernichtet, wo seine Existenz behauptet oder bestritten wird, da es seinen Grundzug verliert, gerade nicht Gegenstand der theoretischen Vernunft zu sein, sondern Bestimmungsgrund des Handelns. Ethos ist Bedingungsmöglichkeit von Handeln, ein durch Handlung Seinsollendes. Daher muß das Wesen der Handlung bedacht werden, damit aber das Wesen der Freiheit. Ein Ethos ist das dem Denken in Freiheit Aufgegebene. Frei wird das Denken aber nur durch das Andere des Denkens. Somit ist die Frage nach dem Ethos die Frage nach dem Verhältnis von Denken und dem Anderen des Denkens. In der Übernahme des ursprünglichen Sinnes von Ethos als „Aufenthalt", „Ort des Wohnens" fragt der Autor, ob nicht der andere selber der Ort ist, an dem das, was Ethos meint, allererst in den Blick kommt; ob nicht ein Ethos haben in erster Linie meint, den Aufenthaltsort des anderen zu sehen und ihm diesen Raum zu lassen. Im weiteren entwickelte KONRAD vier Strukturmomente, die den Begegnungsraum von Denken und seinem Anderen bilden: die Fraglichkeit, die Verantwortlichkeit, die Selbstvergessenheit und die Selbstfindung.

Obwohl es nicht das Ziel des Referates war, Grundhaltungen zu formulieren, sondern eine Form phänomenologischer Ontologie des Ethos zu entfalten, stehen die Überlegungen nicht beziehungslos zu ausdrücklichen ethischen Entwürfen. Mit den Beispielen des Kategorischen Imperativs und der Goldenen Regel von Mt. 7,12 verdeutlichte KONRAD seine Absicht, die Bedingungsmöglichkeiten für ethische Sätze auf sehr abstraktem Niveau in ihrem ureigensten Raum aufzusuchen. Seine Überlegungen versteht er daher als eine transzendental-philosophisch orientierte Spekulation über den Grund des Kategorischen Imperativs bzw. der Goldenen Regel.

Wenn es ein Ethos nicht „gibt", gibt es auch kein Ethos eines Lehrers der Sozialwissenschaften, ist der Gedanke eines Ethos des Lehrers in diesen Fächern ein Widerpruch in sich. Nur dort, so schloß KONRAD sein Referat, wo Gegenstände nicht ge-geben, sondern auf-gegeben sind, kann das Ethos geben: Die Freiheit und diese das Ethos.

Helmut Konrad

Thesen und Überlegungen zur Friedenserziehung

1. Einführung

Die neuzeitliche Situation ist gekennzeichnet durch eine Folge von Revolutionen. Im Gefolge der Französischen Revolution fallen die Monarchien. Die Legitimationen politischer Herrschaft durch göttliches Recht und göttliche Erwählung (Gottesgnadentum) fallen. Legitimation ist jetzt die volonté génerále, der Volkswille. Die Politik bekommt einen egalitären Zug. Alle Menschen sind sich selbst gleich und frei. Die russ. Oktoberrevolution verschärft die Bedingungen der Französischen Revolution und stellt sich auf die Herstellung einer Weltherrschaft des Menschen. Die Chinesische Revolution läßt diesen Vorgang nicht einmal gesetzt sein, sie erklärt ihn als permanent. Die weltpolitische Situation ist geprägt von dieser permanenten Unruhe, von Chaos, von Fieberzuständen, Krisen und Katastrophen.

Die politische Revolutionierung der heutigen Welt wird begleitet durch eine Revolutionierung aller Lebensverhältnisse durch Technik, Wissenschaft und Ökonomie. Der Planet wird zu einer Mülldeponie, der Weltraum wird armiert und erstarrt vor Waffen, die Lebensgrundlagen werden sehr rasch verbraucht, der Planet ausgeplündert und zerstört.

Einerseits haben viele Menschen in einer Endzeitstimmung (ORWELL 1984 – und die kommende Jahrtausendwende) und verschreiben sich dem Konsum und Genuß, der in Lebensdrogen mannigfacher Art und Rauschzuständen endet, andererseits fallen viele Menschen in tiefe Resignation und Hoffnungslosigkeit, fühlen sich nutzlos, nicht gebraucht, abgeschoben und manipuliert. Man gibt sich selbst keine Zukunft mehr (no future). Dies ist die Situation, bedingt durch eine gewandelte Grundstellung des Menschen zum Menschen, zur Natur und zu Gott. Die moderne Religionskritik macht Gott zur Projektion, die Natur zum Material und sich selbst zum Herrn der Natur. Als Herr der Natur stellt und setzt er seine eigene Natur ins Recht. Er versteht sich als Wesen, das durch die ‚Natur seiner Bedürfnisse' bestimmt ist. Diese Formel nennt zugleich die patente ‚innere Unruhe des Menschen, die ihn verzerrt' (v. HUMBOLDT). Einerseits sieht er sich in seiner Begrenztheit und Hinfälligkeit, andererseits will er sich Dauer verschaffen (perseverieren in der Zeit). Weil der Tod für ihn die ultima linea rerum ist, die Grenze seines natürlichen Daseins, versteht sich das (nur noch endliche) natürliche Dasein auf den Genuß (Konsum) und die Produktion seines Lebens. Damit erscheint der verdeckte Unfriede im Herzen des neuzeitlichen Menschen, als die befeuernde Kraft, die die ganze Zivilisation verbrennt und verbraucht. Das Verhältnis zum Tod nennt jetzt das neuzeitliche Wesen der Transzendenz Leben als Dauer (perseveration) als Kraft, als Gewalt, als absoluter Schrecken: daraus sind politische, ökonomische, wissenschaftliche, gesellschaftliche Programme entwickelt worden (Sozialdarwinismus, Nationalismus, Imperialismus, Faschismus, Terrorismus), die bis zum heutigen Tage unsere Konstellation (auch die westlichen Wohlstandsgesellschaften) bestimmen. Der Wandel im Selbst-, Natur- und Gott-Verhältnis, der sich konzentriert im Todesverhältnis, könnte eine gewandelte anthropologische Grundstellung hervorbringen. Sie führt zu einer anderen Form der Mitmenschlichkeit (Feindesliebe), zu einer neuen Form der Koexistenz (Partnerschaft und Treue), überhaupt zu einem Gewalt- und Herrschaftsverzicht (gegenüber der Natur und anderen Gesellschaftssystemen und Staaten überhaupt). Einzusehen ist, daß aus dieser gewandelten Grundstellung neue Erziehungsbahnen durchdacht und entworfen werden müssen.

Thesen zur Friedenserziehung in Lehrerbildung und Schule

a) Fundamentale Überlegungen zu Friede und Erziehung

Das immanente Dilemma des Friedens ist die Aporie von Macht und Liebe. Im Zwischenraum dieser Aporie ist die Frage nach dem Frieden angesiedelt. So wie das Sein des Seienden Macht ist, ist das Seinsollen die Liebe.

Jede Erziehung hat eine appellative Funktion und einen normativen Grundansatz aus dem Anliegen der Freiheit oder ist ein Widerspruch in sich, darf also nie nur die Festschreibung bzw. Analyse des Faktischen sein. Erziehung hat einen immanent ethischen Anspruch.

Das Wort von der Friedenserziehung besitzt eine immanente Plausibilität. Niemand würde ernsthaft den Gedanken einer Herrschaftserziehung diskutieren. Friedenserziehung ist ureigenster pägagogischer Imperativ.

Jede Friedenserziehung hat einen unversöhnlichen Gegner: Die Faktizität der Macht äußert sich einerseits anthropologisch-fundamental, andererseits institutionell-kategorial. Mit beiden Formen des Widerstandes hat Friedenserziehung zu rechnen. In bezug auf die anthropologisch-fundamentale Äußerung von Macht hat eine Friedenserziehung über Grundhaltungen oder Bedingungsmöglichkeiten für den Frieden nachzudenken, in bezug auf die institutionell-kategoriale Äußerung der Macht hat Friedenserziehung den Gründen dieser Macht nachzuspüren und sie durch die gefundenen Grundhaltungen innerhalb einer solchen Institution zu verändern.

b) Bedingungsmöglichkeiten einer Friedenserziehung

Friedenserziehung ist nicht Friedenserziehung als solche, sondern hat über Bedingungsmöglichkeiten des Friedens innerhalb der fundamentalen Aporie von Macht und Liebe nachzudenken.

Diesen ihr gegenüberstehenden unversöhnlichen Gegner, die Macht, wird die Liebe nie besiegen, weder fundamental noch kategorial im Geltungsbereich einer Institution. Daß sie dies weiß, ist ihre Stärke.

Aus diesem Bewußtsein der Stärke trotz des unversöhnlichen Widerspruchs von Macht und Liebe lassen sich Folgerungen ziehen, deren Inhalte Grundhaltungen einer Friedenserziehung, auch der in Schule und Lehrerbildung sein können:

— Ist das Problem der Friedenserziehung das der unversöhnlichen Gegnerschaft von Macht und Liebe, so folgt daraus das Ethos eines kritischen Verhältnisses zu aller Machtausübung, damit auch der versteckt-institutionellen Machtausübung. Dies nenne ich das Ethos der Verweigerung.

— Ist das Problem der Friedenserziehung das der unversöhnlichen Gegnerschaft von Macht und Liebe, so folgt daraus ein positives Verhältnis zu jeder Form des Rechts und der Gerechtigkeit als dem vom Ansatz kritischen Korrektiv jeglicher Macht. Ich nenne dies das Ethos der Gerechtigkeit.

— Ist das Problem der Friedenserziehung das der unversöhnlichen Gegnerschaft von Macht und Liebe, so folgt daraus die Kritik aller Ideologie einer wie auch immer gedachten einseitigen Auflösung des Fundamentalverhältnisses von Macht und Liebe. Jede „Endlösung" dieses Verhältnisses ist ideologisch, nur das Ausharren in der Aporie kann Lösung sein. Ich nenne dies das Ethos des Scheiternkönnens.

— Ist das Problem der Friedenserziehung das der unversöhnlichen Gegnerschaft von Macht und Liebe, ist Macht in dieser aporetischen Konstellation die Kennzeichnung des Faktischen, Liebe aber das Seinsollen, dann folgt aus dieser Aporie trotz ihrer Unauflöslichkeit der Imperativ der Überwindung dieser Aporie, der Imperativ, je neue Wege der Überwindung zu suchen und zu gehen. Ich nenne dies das Ethos der Hoffnung.

– Ist das Problem der Friedenserziehung das der unversöhnlichen Gegnerschaft von Macht und Liebe, dann folgt hieraus trotz des Ethos der Hoffnung die kritische Distanz zu allen vorschnellen Lösungen, die nur neue Machtkonstellationen hervorbringen können. Ich nenne dies das Ethos der Gelassenheit.

– Ist das Problem der Friedenserziehung das der unversöhnlichen Gegnerschaft von Macht und Liebe, dann folgt hieraus das je neue Nachdenken über das immer noch Unversöhnte in dieser Grundkonstellation und das je neue Nachdenken über mögliche Wege. Ich nenne diese zu fordernde Nachdenklichkeit das Ethos der Kreativität.

Fast überflüssig zu sagen und hinzuzufügen ist wohl, daß dies keine rein theoretischen Denkmodelle sind, sondern, insofern sie Grundhaltungen der Friedenserziehung sind, praktische Bedeutung haben müssen.

Dabei sind diese Grundhaltungen, einzeln für sich, keine Handlungsanweisungen, sondern nur Strukturmomente für mögliche Handlungen. Wie eine solche Handlung im einzelnen auszusehen hat, ergibt sich aus der konkreten Situation der Aporie von Macht und Liebe, sei dies anthropologisch-fundamental oder sei es institutionell-kategorial. Deswegen gilt es nun, über die Stellung der Schule im Kontext der Aporie von Macht und Liebe nachzudenken.

c) Friedenserziehung im Kontext einer Schule der Macht

Jeder Versuch einer Friedenserziehung steht im institutionellen Kontext einer Schule, deren Wesensmerkmal Macht ist. Diese Macht äußert sich in drei Aspekten:

– Schule ist Erziehung zur Macht, insofern sie eine verwissenschaftlichte Schule ist. Wissenschaft aber steht unter dem transzendentalen Apriori der Herrschaft der Subjektivität über alles Seiende. Insofern die Schule also erkenntnistheoretisch legitimiert ist, ist sie eine unversöhnliche Gegnerin der Friedenserziehung.

– Schule ist Erziehung zur Macht, insofern sie eine institutionalisierte Schule aus dem Anliegen der kognitiven Leistung ist. Dadurch entsteht immanent der Imperativ des den anderen ausschließenden Konkurrierens und ein leistungshierarchisch bestimmtes Denken, das einer Friedenserziehung gegenüber feindlich ist. Insofern die Schule leistungshierarchisch strukturiert ist, ist sie eine unversöhnliche Gegnerin der Friedenserziehung.

– Schule ist Erziehung zur Macht, insofern sie eine vergesellschaftete Schule ist aus dem Anliegen der Befriedigung gesellschaftlicher Interessen. Dadurch entsteht der Imperativ eines auf solche Interessen orientierten pädagogischen Handelns, in dem die Würde der einzelnen Person notwendig im Funktionszusammenhang solcher Interessen gesehen werden muß, ja im Zweifelsfall diesem Funktionszusammenhang geopfert werden muß. Insofern die Schule aus ihrer Einbindung in den Gesellschaftszusammenhang zweckrational orientiert ist, ist sie eine unversöhnliche Gegnerin der Friedenserziehung.

Insofern Lehrerbildung und Schule in dem dreifachen Kontext von wissenschaftstheoretischer Legitimation, leistungshierarchischer Stukturierung und zweckrationaler Orientierung stehen, stehen sie dem Ethos der Friedenserziehung grundsätzlich entgegen.

Friedenserziehung in Lehrerbildung und Schule heißt damit auch Friedenserziehung gegen vorherrschende Lehrerbildung und Schule um der Friedenserziehung in Lehrerbildung und Schule willen aus dem Ethos der Verweigerung, dem Ethos der Gerechtigkeit, dem Ethos des Scheiternkönnens, dem Ethos der Hoffnung, dem Ethos der Gelassenheit und dem Ethos der Kreativität.

Dieter Fuchs

Elemente der Diskussion in der Arbeitsgruppe

Die Diskussion brachte eine Auseinandersetzung mit den beiden Texten von KONRAD, wobei es teils eher um zusätzliche Informationen (Referat), teils eher um kritische Stellungnahmen (Thesen) ging. Die Schwierigkeiten lagen vor allem in einem terminologischen und in einem praktischen Problem: Der Referent definierte „Ethos" in dem eingeschränkten Sinn, wie er im Resümee des einleitenden Referates dargelegt worden ist, während die übrigen Teilnehmer – durch den Ansatz der gesamten Tagung gestützt – unter Ethos die wertbedingten Haltungen des Fachlehrers verstanden, was für den Referenten hingegen als eine „Ethik" anzusprechen war. Das praktische Interesse der meisten Teilnehmer richtete sich auf die Bestimmungsstücke einer solchen „Ethik" und ihre Legitimation, wogegen der Referent eine transzendental-philosophische Spekulation über die Bedingungsmöglichkeiten eines Ethos vorlegen wollte.

Der Referent verdeutlichte zunächst noch einmal die Intention seines Referates: Es ging ihm um die Abwehr eines Ethosverständnisses im Sinne der Definition von bestimmen Haltungen, da sich ein Ethos – auch wenn es der Maßstäblichkeit von Regulativen bedarf – immer augenblickhaft ereignen muß. Das Spielfeld der Freiheit zwischen dem Ich und dem Du ist der Bereich, in dem sich ein Ethos ausprägen kann. In diesem Rahmen ist ein vorwegnehmendes Feststellen des anderen vermieden, wobei die genannten Strukturmomente die Voraussetzungen der Öffnung für ein Du bilden. Auf die dargelegte Weise wird ein Ereignis im Sinne HEIDEGGERs gestiftet.

Den übrigen Teilnehmern ging es mehr um die Möglichkeit, eine Verbindung zwischen den ethischen Aspekten im Handeln eines Wissenschaftlers oder Lehrers der Politik und der hochabstrakten Bestimmung eines Ethos, für das ebenfalls ethische Relevanz gefordert wurde, zu finden. Denn auch die Politikwissenschaft ist, soweit sie sich nicht als positivistische Wissenschaft versteht, als normative Wissenschaft auf leitende Regulative wie Gerechtigkeit, Freiheit, Friedfertigkeit angewiesen. Die Frage, woher sich diese Regulative bestimmen und legitimieren, ob aus der christlichen Lehre, aus der Aufklärungsphilosophie oder aus der KANTschen Ethik, und wie das Verhältnis dieser möglichen Quellen zu erklären und zu gewichten ist, konnte nur angesprochen werden.

Die Auseinandersetzung mit den Thesen zur Friedenserziehung kritisierte vor allem, daß der Begriff der Macht und damit der der Herrschaft einseitig negativ definiert worden ist; denn ohne eine auf Herrschaft beruhende zentrale Ordnungsgewalt ist es nicht möglich, den Menschen in seiner Würde zu schützen: Daher ist es auch nicht hilfreich, die Friedenserziehung von einer unversöhnlichen Antinomie von Macht und Liebe her zu bestimmen. Aus diesem Verständnis von Macht ergibt sich eine Definition von Schule, die kritisch zu bewerten ist.

Der Referent räumte ein, daß seine Thesen überspitzt formuliert wurden, jedoch auf HEIDEGGERs Grundgedanken basierten: Wenn eine Schule leistungshierarchisch strukturiert, zweckrational orientiert und wissenschaftstheoretisch legitimiert ist, dann ist das, was in der Schule vermittelt wird, Erziehung zur Macht. Macht ist im HEIDEGGERschen Sinn „Gestell der Technik". Und auch die Schule, die sich der Macht verschreibt, ist ein Gestell der Technik.

Der Referent räumte ferner ein, daß er die Brücke zur Praxis zu wenig bedacht hat. Aufgrund seiner Position lassen sich jedoch folgende ethische Aufgaben des Lehrers bestimmen,

– die Schüler mit den Strukturen, den realen Phänomenen vertraut zu machen,
– sich auf die Herkunft der Strukturen zu besinnen,
– darüber nachzudenken, was man an feststellbarer Negativität ändern kann.

Da aber die Änderung von Negativität als eine wert- und zielorientierte Verbesserung anzusehen ist, ergibt sich die Frage, wie sich die Maßstäbe für dieses Handeln bestimmen lassen.

Die letzte Aussage des Referenten veranlaßte die übrigen Teilnehmer, wiederum zu fragen, ob es ein Ethos des Lehrers der Sozialwissenschaften gibt.

Nach der Antwort des Referenten gibt es
– ein Ethos im Tatbestand des pädagogischen Bezuges, der pädagogischen Begegnung,
– ein Ethos im Sinne der Ontologie des Ich-Du-Bezuges,
– ein Ethos in der Entfaltung des Ethischen im Politischen, Sozialen und Historischen.

Seine Absicht war es jedoch, eine Trennung von Ethos und Ethik vorzunehmen und Bewegungsmomente aufzuzeigen, ohne die man die Ethik nicht sehen darf.

Der Referent verwies noch einmal darauf, daß die in den Strukturmomenten Fraglichkeit, Verantwortlichkeit, Selbstvergessenheit und Selbstfindung enthaltenen Bedingungen eines Ethos überhaupt nicht mehr wahrgenommen werden. HEIDEGGER sieht die Gefahr einer Entwicklung von der „Logik der Vernunft" über die „Logik des Gestells" zur „Logik des Gerüsts" (Wahnsinn). Die Geschichte der neuzeitlichen Metaphysik ist in dem „Gestell der Technik" angelangt. Es ist daher fraglich, ob die neukantianische Pädagogik oder eine christlich personalisierte Pädagogik bemüht und bereit sind, sich dieser Perspektive zu stellen. Die pädagogischen Kategorien einer christlichen und humanistischen Pädagogik vertritt auch er; sie allein sind jedoch nicht in der Lage, sich einer Fundamentalkritik, wie sie HEIDEGGER und ADORNO formulierten, zu stellen bzw. sich ihr zu verweigern.

Die Teilnehmer waren sich einig, daß das entwickelte Konzept von Ethos weiterhin auf seine praktische Bedeutung hin befragt werden müsse und daß es notwendig sei, darüber im Gespräch zu bleiben.

Münstersche Gespräche
zu Themen der wissenschaftlichen Pädagogik

**Herausgegeben von
Joachim Dikow
Marian Heitger
Rainer Ilgner
Clemens Menze
Aloysius Regenbrecht**

**Der Münstersche
Gesprächskreis für
wissenschaftliche
Pädagogik will
als Vereinigung
katholischer
Erziehungswissenschaftler und Praktiker
auf einer gemeinsamen
Grundlage besonders
drängende pädagogische
Fragen der Gegenwart
aufnehmen und
zu ihrer Klärung
beitragen. In einer
neuen Schriftenreihe
stellt der Gesprächskreis Ergebnisse
seiner Arbeit der
Öffentlichkeit vor.**

Als Heft 1 der Reihe ist erschienen: **Umgang mit der Schulkritik.** Im Auftrage des Münsterschen Gesprächskreises für wissenschaftliche Pädagogik herausgegeben von Marian HEITGER.

Beim ersten Münsterschen Gespräch war die vorliegende Schulkritik zu sichten, darzustellen und in ihren kritischen Ansprüchen zu gliedern. Dies ist die Aufgabe des Beitrages von Dieter HINTZ. Marian HEITGER hat die Aufgabe übernommen, zu prüfen, ob ein definierter Begriff von Bildung seinen Anspruch auch unter institutionalisierten Bedingungen geltend machen kann. Karl Gerhard PÖPPEL hat das Thema in der Frage nach dem vorherrschenden und maßgeblichen Verständnis von Bildung in dieser Tatsächlichkeit weitergeführt und bestimmt damit die Zielorientierung und Zwecksetzung schulischer Bildungsprozesse. Niels KRANEMANN hat schließlich den Themenkreis aus der Sicht der Beteiligten vorgeführt, aus der Sicht der Schüler, Eltern und Lehrer. Eine Zusammenfassung der Diskussion ist von Meinolf PETERS vorgelegt worden. Sie zeigt den Gang der Gespräche, der Zustimmung, der Kritik und dialogischen Weiterführung.

Unter der herausgeberischen Verantwortung von Wilhelm WITTENBRUCH und Karl Gerhard PÖPPEL steht ein Anhang, in dem Frauen und Männer aus der Schule ihre Erfahrungen zu Aspekten der vorgetragenen pädagogischen Theorie einbringen. 115 Seiten, kart. 22,– DM.

Aschendorff

Verlag Aschendorff Münster